OEUVRES

COMPLÈTES

DE M.ʳ ARNAULT.

TOME SECOND.

LA HAYE, DE L'IMPRIMERIE BELGIQUE.

OEUVRES

COMPLÈTES

DE M.ᴿ ARNAULT.

THÉATRE.

A PARIS,

Chez Foulon et comp.ᵉ, rue des Francs-Bourgeois-Saint-Michel, N.º 3.

1818.

OSCAR,
FILS D'OSSIAN,

TRAGÉDIE

EN CINQ ACTES,

Représentée pour la première fois à Paris,
sur le théâtre de la République, le 14 Prairial an 4.
(le 3 Juin 1796.)

'Amor, pietà, sdegno, dolore ed ira
Disio di morte.

Orlando forioso, Cant. 37.

PRÉFACE

de la première édition.

J'ai intitulé mon ouvrage *Oscar*, fils d'*Ossian*, pour indiquer, par ce titre, la source où j'avais puisé mon sujet.

En mettant sur la scène les peuples chantés par *Ossian*, j'ai dû laisser aux lieux les noms que leur donne ce poëte.

Pouvais-je, sans faire un lourd anachronisme, désigner par un autre nom que celui de pays de *Morven*, la partie septentrionale de la Grande-Bretagne?

Les Romains, je le sais, la nommaient alors *Calédonie*; mais je n'introduis pas les Romains dans l'*Écosse*, autre nom que reçut cette contrée postérieurement à l'époque de mon action.

Selma, où cette action se passe, était le palais des rois de *Morven*.

Morven signifie chaîne de montagnes.

Cromla, lieu élevé.

Le pays d'*Ullin* est l'Irlande.

Le royaume de *Loclin* la Norwège.

Les îles d'*Innistore* sont les Orcades.

Le *Lego* est le Cocyte des anciens Écossais.

Les bardes étaient des druïdes d'un ordre inférieur. *Trenemor*, l'un des ancêtres d'*Ossian*, les avait exceptés de la proscription qui chassa les druïdes de ses états.

Les druides étaient prêtres ; les bardes étaient poëtes : on ne se brouille pas avec les dispensateurs de l'immortalité (1).

J'invite ceux qui désireraient des détails plus étendus sur les hommes et sur les lieux, à lire la préface qui se trouve à la tête des poësies d'*Ossian*, traduites par *Letourneur*.

Je ne m'étendrai pas non plus sur ces poësies.

Dénuées d'art, mais surabondantes en génie, ces productions monotonement sublimes, sont parvenues, de bouche en bouche, depuis le troisième siècle jusqu'à notre âge.

Macpherson les écrivit le premier sous la dictée des pâtres (2).

Traduites dans toutes les langues, sur sa version elles ont trouvé partout des admirateurs, des enthousiastes.

En effet, quel homme, pour peu qu'il soit doué d'imagination et de sensibilité, peut entendre avec indifférence le chantre de la valeur et de la mélancolie ? Fils et père des héros, héros lui-même, *Ossian* célèbre les exploits de *Fingal*, d'*Oscar* et les siens propres. C'est à *Malvina*, c'est à la veuve de son *Oscar*, que vieux et aveugle comme le prince des poëtes, cet autre Homère adresse ses chants plaintifs et reconnaissans : et quelle inépuisable source de richesses intactes ne présentaient-ils pas au poëte dramatique !

Un peuple entre la barbarie et la civilisation ; une morale qui prescrit le courage au faible, la générosité au fort, la pratique de l'hospitalité à tous ; une mythologie toute sentimentale, qui fait du monde entier le

(5)

domaine du cœur, peuple les nuages des esprits des ancêtres, ouvre aux braves les palais aériens, emprisonne
dans les vapeurs des marais les ombres des méchans et
des lâches (3): tels sont les sujets les plus familiers des
tableaux d'*Ossian*; tels sont les trésors sur lesquels j'é-
tais indigne de porter la main, si l'emploi ne justifie
pas ma témérité.

Je dois moins à *Ossian* mon sujet que mes couleurs.
Un très-court poëme intitulé *la Mort d'Oscar*, m'a
donné tout au plus l'idée du quatrième acte; le reste
est purement fictif. Ce poëme m'avait déjà fourni le
sujet d'une romance historique, par laquelle je terminerai
cette préface.

OSCAR ET DERMIDE,

*Chant gallique imité d'*Ossian ;

Musique de Méhul (4).

Toi, qui près de ma bien-aimée,
Unis tes accens à ma voix ;
Toi qui, muette sous mes doigts,
Languis loin d'elle inanimée ;
O ma harpe ! adoucis l'ennui
Qui dévore un amant fidèle.
Si mon âme est triste aujourd'hui,
Que tes chants soient tristes comme elle.

Morven, dans ses forêts paisibles,
Possédait deux cœurs vertueux ;
Également braves tous deux,
Tous deux également sensibles.
Vaincre fut longtems leur seul art :
Chasseur et guerrier intrépide,
Dermide égalait seul Oscar ;
Oscar égalait seul Dermide.

La paix habitait dans leurs âmes :
Ils n'avaient vécu qu'à demi.
Chacun d'eux aimant son ami,
Ignorait qu'il fût d'autres flammes.
C'était à tes yeux, Malvina,
Qu'Amour gardait cette victoire :
Chacun te voit ; chacun déjà
T'aime comme il aimait la gloire.

Malvina ! l'éclat que ramène
L'aurore qui rougit les cieux,
Le cède à l'éclat de tes yeux.
Un doux zéphir est ton haleine.
Ton sein, de pudeur agité,
Ressemble à la neige légère,
Que le vent, avec volupté,
Balance sur l'humble bruyère.

Du mal qui tous les deux les blesse
L'amitié ne peut les guérir :
Ou te posséder ou mourir,
Est le vœu qu'ils forment sans cesse.
Chacun a bien droit au retour,
Par la pure ardeur qui l'anime ;
Mais partage-t-on son amour
Comme on partage son estime ?

Oscar est celui qu'on préfère.
Dermide en secret a gémi,
Non du bonheur de son ami,
Mais seulement de sa misère.
Bientôt Dermide a disparu.
Oscar cherchait par-tout sa trace,
Quand au combat un inconnu,
De le provoquer a l'audace.

Les échos des bois retentissent
Du choc bruyant des boucliers;
Déjà du sang des deux guerriers
Les ondes du torrent rougissent.
Bientôt, sous le fer du vainqueur,
L'agresseur mesure l'arène;
L'un combattait avec fureur,
L'autre se défendait à peine.

Le coup qui finit ma carrière,
Oscar, est un bienfait pour moi;
J'ai voulu le tenir de toi,
Dit Dermide, ouvrant la paupière.
D'un mal qui ne pouvait guérir,
La main d'un ami me délivre :
L'amour m'ordonnait de mourir,
Et l'amour t'ordonne de vivre.

Il dit : il sourit, il expire.
Oscar, de douleur déchiré,
Veut fuir ce corps défiguré,
Qui le repousse et qui l'attire.
Déjà Malvina qui survient
A vu le trouble qui l'oppresse :
— O mon bien-aimé ! d'où te vient
Cette morne et sombre tristesse ?

— Au pin, que son sang vient de teindre,
L'écu d'un brave est suspendu.
Trois fois mon arc s'est détendu
Sans que ma flèche ait pu l'atteindre.
C'est à toi, fille des forêts,
A remporter cette victoire ;
Que l'arc, auteur de mes regrets,
Soit du moins celui de ta gloire.

Oscar fuit : l'arc qu'il abandonne
Par son amante est ramassé ;
Et le trait qui siffle, est chassé
Loin de la corde qui résonne.
Le bouclier reçoit ce trait
Trop fidèle à l'œil qui le guide ;
Et le triste Oscar, qu'il couvrait,
Tombe sur le corps de Dermide (3).

Oscar, quelle erreur est la mienne!
C'est moi qui t'ai percé le sein!
— Dermide expira par ma main,
J'ai voulu mourir de la tienne.
— O mes amis! ô mon amant!
Si nous n'avons pu vivre ensemble,
Dit l'héroïne, en se frappant,
Qu'un même tombeau nous rassemble.

Sur ce tombeau couvert de mousse,
Le chevreuil vient souvent brouter.
L'onde à rêver semble inviter
L'âme mélancolique et douce.
Le Barde instruit de ces malheurs,
A l'avenir les fait entendre.
Puissé-je obtenir tous les pleurs
Que son récit m'a fait répandre!

AVERTISSEMENT.

LES différentes pièces qui se trouvaient en tête de la
première édition d'*Oscar* et que nous avons reproduites
dans celle-ci, nous laissent peu de choses à dire au sujet
de cette tragédie. L'auteur, en la composant, répondit
aux critiques qui l'accusaient de ne pouvoir peindre
que des passions de tête, et d'ignorer le langage du plus
doux comme du plus terrible des sentimens.

Oscar est une tragédie toute de cœur; l'amour et
l'amitié y sont aux prises et la remplissent des épanche-
mens de leur tendresse, des explosions de leur désespoir.

En allant chercher ses héros dans les montagnes de
l'Écosse; en les prenant chez un peuple qui, sans être
barbare, n'était pas entièrement policé, et dont les mœurs,
moitié sauvages, moitié chevaleresques, sont entre la nature et la civilisation; l'auteur se créa de nouvelles ressources : il a pu donner une physionomie nouvelle à
tous les sentimens et même à l'amour, qui tout despote
qu'il est, porte dans tous les pays l'empreinte des mœurs
locales.

Oscar n'a cependant pas obtenu tous les suffrages :
cela devait être. Les poëmes d'*Ossian* ne se trouvaient
pas alors dans toutes les bibliothèques : son style, employé
pour la première fois au théâtre, a dû étonner la multitude.
Ce qui pour les gens instruits n'était que nouveau, pour
le commun des spectateurs était étrange.

Oscar a néanmoins toujours produit un grand effet à
la scène. Il est vrai que les rôles de cette pièce furent
confiés aux talens les plus propres à leur prêter une valeur indépendante de tout mérite littéraire. Une actrice
pleine de grâces qui, sans être perdue pour la société,
a été trop tôt perdue pour l'art, répandait sur le rôle

de MALVINA tout l'intérêt qu'elle avait toujours obtenu pour elle-même : sa présence seule expliquait tout Oscar, et OSCAR était *Talma*.

On s'est trompé quand on a dit que cette tragédie avait été dédiée au Général BUONAPARTE; mais cette fois, les frères *Michaud* peuvent avoir innocemment affirmé une chose fausse, qui, après tout, n'est pas une calomnie. Ce qui a donné lieu à cette erreur, très-concevable d'après les sentimens que M.ᵣ *Arnault* a manifestés de tous tems pour l'homme qui, dès son début, a porté au plus haut degré la gloire du nom français, c'est la publication des vers suivans : ils étaient inscrits sur l'exemplaire *d'Oscar*, offert par l'auteur au jeune vainqueur de *Millesimo*, de *Montenotte*, de *Dégo*, de *Lodi*, d'*Arcole* et de *Rivoli*, au moment où il entrait dans *Mantoue* :

Au Général BUONAPARTE.

Toi, dont la jeunesse occupée
Aux jeux d'Apollon et de Mars,
Comme le premier des Césars
Manie et la plume et l'épée ;
Qui, sans doute, au milieu des camps
Rédiges d'immortels mémoires ;
Dérobe-leur quelques instans ;
Et trouve, s'il se peut, le tems
De me lire entre deux victoires.

A QUELQUES PERSONNES.

Je ne crois pas mon ouvrage assez étranger à la nature, pour avoir jamais pensé qu'il dût plaire à tout le monde.

Ceux qui ne cherchent l'amour que dans la galanterie; ceux qui ne voient que la férocité dans la passion, sont revenus également mécontens d'Oscar.

Ils peuvent se dispenser d'ouvrir ce livre: ce n'est pas pour eux que j'écris.

J'écris pour les cœurs simples et purs, pour les âmes fortes et sensibles, pour les hommes capables d'aimer, pour les femmes dignes d'être aimées, pour ceux que tant de fureur n'étonne pas, pour celles que tant de délire n'a point épouvantées.

J'écris pour vous, mes amis:

Pour toi, Lég.... (6); et puisses-tu rencontrer dans cette tragédie quelques traits que ne désavouerait pas la plume vigoureuse et poë-

tique, qui traça les caractères de Caïn, *de* Lucain *et de* Papirius !

Pour toi, M...ᵗ *(7), dont la vertu fut également éprouvée par le malheur et la prospérité; toi qui nous surpris bien moins en la développant dans les fers de l'Autriche, qu'en ne la dissimulant pas dans les hauts emplois qu'elle semblait devoir t'interdire;*

Pour toi, mon cher M...ᶦ *(8), toi l'énergique et sentimental héritier de* Gluck; *toi à qui les scènes d'Oscar ont quelquefois rendu ces sensations fortes, ces impressions déchirantes que je dois à ta mâle harmonie. Depuis long-tems nos cœurs s'entendaient trop bien pour qu'il n'existât entre nous qu'une sympathie.*

J'écris aussi pour toi, mon bon L. N..ʳ *(9): placé au premier rang de mes amis, tu le serais justement parmi les hommes célèbres, si ta paresse te permettait de publier les utiles projets que t'inspire l'amour de l'humanité. Soit modestie, soit philosophie, tu dédaignes la gloire; tu n'en as pas be-*

soin: elle ne donne pas d'amis. Va, la gaieté de l'homme probe, la bonté de l'homme d'esprit sont des titres plus sûrs à l'amitié des hommes, qu'un peu de célébrité, que l'amour-propre et l'envie prennent trop souvent pour de la gloire.

. Vous vous étonneriez de n'être point appelée ici, bonne et tendre mère d'une famille, qui est devenue la mienne (10). La nature ne vous a donné qu'un fils; mais vous en devez plusieurs à votre adoption.... Et moi aussi je suis votre fils! ... C'est à vous particulièrement que je voulais faire hommage d'Oscar. Et combien ce projet me faisait attacher de prix à son succès! N'est-ce pas dans votre simple retraite, dans la vallée d'Émile (11), au milieu des bois où naquit Héloïse, que cet Oscar a pris naissance? La nature, si féconde dans ces belles contrées, n'aurait-elle été stérile que pour moi? Oh! non. Vos larmes et celles de ces jeunes sœurs, progressivement

émues par les développemens de la plus
malheureuse des passions, m'ont trop souvent appris que mes larmes ne m'avaient
pas trompé. . . .

Tu ne dédaigneras pas non plus l'enfant
de mon cœur, ô mon amie ! toi dont
l'existence est depuis si longtems un bienfait pour la mienne ; toi qui dus m'entendre en écoutant Oscar ; toi qui vas me
relire en le lisant. Quelques femmes ont
dit : je ne voudrais pas être aimée comme
cela. Que ces dames se rassurent : celles
qu'effraye un tel amour ne sont pas
celles qui l'inspirent ; et tu sais, mon amie,
que celui qui le ressent peut n'être pas un
barbare.

O toi ! ó vous que n'épouvante pas Oscar,
jouissez de la reconnaissance de son auteur,
consolé par votre suffrage ! Entré bien jeune
dans une bien pénible carrière, mon premier
pas lui seul n'a point rencontré d'obstacles.
Nés au second, ils se multiplient à mesure

que j'avance dans la route que je me sens
la force de poursuivre. La dent de la critique m'a souvent fait de profondes blessures ; mais en est-il que les pleurs de l'être
sensible ne puissent adoucir?

ARNAULT.

PERSONNAGES.

OSCAR.
DERMIDE.
FILLAN (1).
GAUL.
CARRIL.
RYNO.
UN BARDE.
MALVINA.
CHEFS DE SELMA.
PEUPLES.
BARDES.

La scène se passe à Selma, dans le palais bâti par Fingal, et dans un bois funèbre peu distant de la ville.

(1) Dans ce nom, prononcez la double *l* sans mouiller.

OSCAR,

TRAGÉDIE.

ACTE PREMIER.

Le théâtre représente le rivage de la mer.

SCÈNE PREMIÈRE.

MALVINA, *seule.*

(Elle descend à pas lents du rocher, où elle se trouve placée au lever de la toile.)

Ils ne reviennent pas!... C'est en vain que ma vue
De la terre et des mers embrasse l'étendue,
Que je les redemande à tout ce que je voi.....
Enfant, époux, ami, tout est perdu pour moi.
Depuis l'instant fatal, qu'une espérance vaine
Sur le même rocher chaque jour me ramène,
Autour de moi j'ai vu le nuage inconstant
Se former, se dissoudre, errer au gré du vent;

Les flots par d'autres flots poussés sur le rivage
Le couvrir, en fuyant, des débris du naufrage....
Mais Dermide, Fillan,... mais Oscar même,....hélas!
En vain je les attends, ils ne reviennent pas!

SCÈNE II.

MALVINA, GAUL.

GAUL.

Sur ce roc, où souvent vous dévancez l'aurore,
Le chasseur, vers le soir, souvent vous trouve encore:
Qui peut vous attacher à ces arides lieux?

MALVINA.

C'est là que je reçus leurs éternels adieux.

GAUL.

Revenez dans Selma: prenez part à la fête
Qu'à son vengeur absent un peuple entier apprête.
Les chantres des héros, dans leurs mâles concerts,
Déjà du nom d'Oscar font retentir les airs,
Célèbrent à l'envi celui dont le courage
Des fers de Caïrbar affranchit ce rivage.
Allons unir nos voix à leurs nobles accens.

MALVINA.

Je n'y pourrais mêler que des gémissemens.

GAUL.

A trop d'abattement c'est vous livrer en proie.
Quelquefois la douleur n'est pas loin de la joie.
Peut-être, après trois ans de regrets, de malheurs,
Touchez-vous au moment qui doit sécher vos pleurs.

MALVINA.

Ah ! ne me flattez plus d'une espérance vaine !

GAUL.

Moins prompte à déplorer une perte incertaine,
Ouvrez les yeux enfin ; voyez si votre époux
Sans retour, en effet, a disparu pour vous.
Plus que le sentiment, que la raison vous guide ;
Quels garans m'offrez-vous de la mort de Dermide?
Un témoin l'a-t-il vu succomber aux dangers
Qu'il croyait éviter sur des bords étrangers ?
Ou bien, en traits de sang, vos yeux baignés de larmes
Ont-ils lu son malheur attesté par ses armes ?
Ces signes, précurseurs du trépas des héros,
Ont-ils, pendant la nuit, troublé votre repos ?
Les dogues gémissans, en hurlemens funèbres
Appellent-ils leur maître, errant dans les ténèbres? (12)
Lui-même, abandonnant le séjour des brouillards,

Vient-il dans le désert s'offrir à vos regards
Ombre vaine, et semblable à la vapeur légère
Qu'on voit, au gré des vents, errer sur la bruyère?
Trois hivers ont blanchi le sommet du Cromla,
Depuis que votre époux, menacé dans Selma,
Dérobant aux bourreaux sa vertu malheureuse,
Entre Morven et lui mit la mer orageuse.
Si la nuit qui depuis enveloppe son sort,
Rend sa vie incertaine aussi bien que sa mort,
Pourquoi ne voyez-vous qu'un motif de souffrance
Dans ce qui n'est pour moi qu'un motif d'espérance?
Ah! Dermide respire; en cette obscurité
Je vois un sacrifice à la nécessité;
Conseil que le péril à la prudence inspire,
Mais abjuré sitôt que le péril expire.
Dermide existe, dis-je; et bientôt à vos vœux
Je crois le voir, rendu par Oscar plus heureux,
Dans ses embrassemens lui payant sa victoire,
Égaler son bonheur à l'excès de sa gloire.

MALVINA.

Je voudrais embrasser un si doux avenir;
Mais mon cœur s'y refuse, et ne sait que gémir.
Plus que jamais l'espoir s'est flétri dans mon âme,
Quand Oscar, écoutant l'amitié qui l'enflamme,
Me quittait, pour chercher en de lointains climats

Et le fils et l'époux qu'il ne me rendra pas.
C'est alors, j'en conviens, qu'en ma maison déserte,
Dans toute son horreur je ressentis leur perte:
D'Oscar, à mon insçu, la touchante pitié
De ma douleur m'avait dérobé la moitié;
Son départ me rendit ma douleur tout entière.
Plus malheureuse, hélas ! je mourrai la dernière:
Eh ! jusqu'au jour fatal, quel sera mon ennui !
J'étais accoutumée à pleurer avec lui.

GAUL.

S'il vous a fui, c'était dans l'unique espérance
De terminer enfin la trop longue souffrance,
Le doute insupportable, accablant, douloureux,
Depuis plus de trois ans commun entre vous deux.
En vain un peuple entier portait aux cieux sa gloire;
L'objet de ses travaux, le prix de sa victoire,
Dermide, pour qui seul il aurait combattu,
Pour qui seul Caïrbar aurait été vaincu,
Dermide lui manquait : sa sombre impatience
Tantôt à la mort seule imputait cette absence;
Tantôt, il s'écriait qu'au bout de l'univers
Son ami l'appelait pour détacher ses fers.
Que cette incertitude était pénible, affreuse,
Pour une ame inquiète, ardente, impétueuse,
Qui, du joug amoureux libre jusqu'à ce jour,

Consùme en amitié tous les feux de l'amour !
Aussi le voyait-on, dans ses chagrins sauvages,
Plus sombre que l'Arven caché dans les nuages,
Le cœur plein de sanglots, les yeux gonflés de pleurs,
Exhalant, soupirant, lamentant ses douleurs,
Dans les bois ténébreux, sur la montagne aride,
Près du lac immobile, ou du torrent rapide,
Traîner, d'un pas pénible, en d'effrayans réduits,
Et la longueur des jours et la longueur des nuits :
Quelquefois succombant sur l'humide bruyère,
Si la fatigue enfin lui fermait la paupière,
S'il cédait, terrassé, sur les bords du torrent,
Par le sommeil bien moins que par l'accablement,
Les flots tumultueux, leur fracas, leur ravage,
De cette autre fatigue offraient la triste image :
Sous un fardeau, qu'en vain il voulait rejeter,
Sans force et sans haleine, il semblait s'agiter ;
Quelques pleurs s'échappaient sous sa paupière humide,
Et d'une voix éteinte il appelait Dermide.
Soit qu'il retrouve, ou non, cet ami tant pleuré,
Sur son sort seulement s'il peut être éclairé,
Le trop sensible Oscar sera bien moins à plaindre ;
Le malheur est moins dur à supporter qu'à craindre.

MALVINA.

Je ne le sens que trop depuis le triste jour

Qu'Oscar, en s'éloignant, fixa pour son retour!
Qui peut, loin de Selma, prolonger son absence?
Que m'avait-il promis?... Je frémis, quand je pense
Qu'il a pu rencontrer, chez un peuple ennemi,
Les malheurs et la mort qu'y trouva son ami.
Peut-être expire-t-il sur un rocher sauvage!
Peut-être a-t-il péri victime du naufrage!
Peut-être, ces débris, promenés par les flots,
Sont-ils ceux de la nef qui portait ce héros!

GAUL.

Voyez-vous, échappés à la main qui les guide,
Ces dogues, vers Selma, courir d'un pas rapide?
Dans l'épaisseur du bois, vers ce roc, voyez-vous
Leur maître lentement s'acheminer vers nous?
Comme il paraît pensif! il soupire; il s'arrête;
Le poids de la douleur semble affaisser sa tête.
Avançons; de plus près je veux l'envisager:
Est-ce un fils de Morven? un fils de l'étranger?
Un guerrier? un chasseur?

MALVINA.

C'est Oscar!

GAUL.

C'est lui-même.

SCÈNE III.

MALVINA, OSCAR, GAUL.

MALVINA.

Enfin je vous revois !

GAUL.

Oscar !

OSCAR.

O trouble extrême !
Déjà vous, Malvina !

MALVINA.

Vous revenez bien tard.

OSCAR.

Trop tôt peut-être !

GAUL.

Ami, quel étrange regard !
D'où provient sur ton front cette pâleur mortelle ?

OSCAR.

Je ne sais, mon ami, je sens que je chancelle,
Soutiens-moi.

MALVINA.

Son regard, son trouble, sa douleur,
Tout m'instruit, tout m'apprend l'excès de mon malheur.

OSCAR.

Rassurez-vous, amis. La fatigue, sans doute,
Le chagrin.... je ne sais... la longueur de la route,
Qui, plus je m'approchais de ces heureux climats,
Plus pénible, semblait s'allonger sous mes pas ;
Tout m'accable. En vos yeux ne vois-je pas des larmes ?
Oh ! combien sur mes maux vous répandez de charmes!
Je ne les ressens plus.

MALVINA.

Pourquoi ces vains détours?
Ton visage a parlé plus vrai que tes discours.

OSCAR.

Que t'aurait-il appris?

MALVINA.

Ce qu'en vain tu veux taire.
O malheureuse épouse ! ô malheureuse mère!
C'en est donc fait ! Dermide.......

OSCAR.

Hé quoi ! serait-il mort?

MALVINA.

Tu peux me l'avouer.

OSCAR.

Pour connaître son sort
Je n'ai rien négligé. Dans mes recherches vaines,

Suivant de nos forèts les routes incertaines,
Pénétrant dans la nuit de nos antres déserts,
J'ai franchi les rochers, j'ai traversé les mers :
Mais le succès n'a pas couronné mon attente.
Pour prix d'une fatigue inutile et constante,
Je n'ai pu recueillir que des soupçons, des bruits,
L'un à l'autre opposés, l'un par l'autre détruits.
On dit qu'aux bords d'Ullin on l'a vu reparaître;
On dit, qu'en s'éloignant des murs qui l'ont vu naître,
Avec son jeune enfant, avec le vieux Carril,
Il a choisi Loclin pour lieu de son exil.
Tandis qu'un autre soin près de vous me rappelle,
Par mes ordres déjà plus d'un Barde fidèle
Court y redemander cet ami malheureux,
Que je devrais peut-être y chercher avec eux.

MALVINA.

Attendez leur retour en ce séjour paisible.
L'amitié ne veut pas qu'on tente l'impossible.
Je voudrais, cher Oscar, me flatter comme vous;
Mais je n'espère plus retrouver mon époux,
Retrouver mon enfant, qui, malgré ma misère,
Eût encore épargné bien des pleurs à sa mère !
Donnez quelque repos à vos yeux, fatigués
Des pleurs qu'à votre ami vous avez prodigués.
Vos malheurs sont les miens, ma douleur est la vôtre;

Désormais réunis, par pitié l'un pour l'autre,
D'un appui mutuel, Oscar, assurons-nous.
Je vous suis nécessaire, et j'ai besoin de vous.

OSCAR.

Je le crois ; je le sens. Le charme que j'éprouve,
De concert avec vous, me le dit, me le prouve.
Mais serait-ce à rester qu'il faudrait m'inviter ?
Qu'il me faut de vertu pour vous pouvoir quitter !
Je l'ai pu.... sais-je, hélas ! si je le puis encore !
Au cœur de votre Oscar que plus d'un mal dévore,
Tout l'ordonne.... et pourtant si j'en croyais mon cœur,
Je n'irais pas si loin pour trouver le bonheur........
O Dermide !........ sortons........

SCÈNE IV.

GAUL, MALVINA, OSCAR, RYNO.

RYNO.

Sans tarder davantage,
Venez, fils d'Ossian ; jouissez de l'hommage
Qu'un peuple tout entier rend à votre vertu.
Instruit qu'en ces forêts vous avez reparu,
Le peuple de Morven, en son impatience,
Au-devant de vos pas, hors de ses murs, s'avance.
En ces lieux plus longtems qui peut vous retenir ?

OSCAR , *à* GAUL.

Libre une fois , ami , reviens m'entretenir.
Sur un point important je veux t'ouvrir mon âme ;
Reviens me joindre..... Allons.

(Il sort avec Ryno.)

SCÈNE V.

GAUL , MALVINA.

MALVINA.

L'entretien qu'il réclame ,
Ce sentiment confus de tendresse et d'effroi
Qui le rapproche ensemble et l'éloigne de moi ;
Tout m'effraye....

GAUL.

En ce cœur, à tant de trouble en proie,
La douleur un instant a fait place à la joie.

MALVINA.

Puissé-je y maintenir un sentiment si doux !

GAUL.

Ce bienfait, Malvina , serait digne de vous.

MALVINA.

Sa douleur est profonde.

GAUL.

En est-il dans notre âme
Que ne puisse adoucir la pitié d'une femme !

MALVINA.

Persuadez-le moi, je voudrais l'espérer!
Quels que soient ses malheurs, je puis les réparer!
Persuadez-le moi, j'aimerais à le croire.
Je fais de son bonheur mon devoir et ma gloire.
L'honneur me le commande; et, j'en conviens, l'honneur,
Pour se faire obéir, s'entend avec mon cœur.
Hé ! si tu n'y trouvais que de l'indifférence ,
Qui donc aurait des droits à ma reconnaissance ?
Oscar ! lorsque mes yeux, fermés par les douleurs ,
Se r'ouvrirent au jour, bien moins, hélas! qu'aux pleurs,
Qu'à la fois je repris la vie et les alarmes,
Quel ami confondait ses larmes à mes larmes ?
N'était-ce pas Oscar ? Il fallut pour un fils ,
Sauver de tristes jours par les tyrans proscrits ;
La mort qui menaçait ma tête languissante ,
Effrayait l'amitié devant elle impuissante ;
Tout me fuyait : un cœur , incapable d'effroi,
Se plaça fièrement entre la mort et moi ;
Seul, contre les bourreaux dont j'étais poursuivie ,
A mes périls sans nombre associant sa vie ,
Un héros me sauva: c'était encore Oscar !

Dans ces murs affranchis du joug de Caïrbar,
Qui r'ouvrit aux enfans le palais de leurs pères?
Frappant, exterminant les hordes étrangères,
Qui vengea d'un seul coup, dans le sang de leur roi,
Mon pays, mon époux, mon fils, et vous, et moi?
Oscar! toujours Oscar! (13) quoiqu'il puisse prétendre,
Il me donna bien plus que je ne puis lui rendre.
Par mon secours, du moins, puisse-t-il éprouver
La consolation qu'il m'a fait retrouver!

Fin du premier Acte.

ACTE II.

Le théâtre représente un palais d'architecture barbare.

SCÈNE PREMIÈRE.

OSCAR, GAUL.

GAUL.

CAÏRBAR est tombé : la main du fils des braves
Du peuple de Morven a brisé les entraves ;
Selma te doit la paix, Oscar, et tu gémis !
Et les yeux d'un héros de larmes sont remplis !
Apprends à ton ami, sans tarder davantage,
D'où nait le désespoir empreint sur ton visage.

OSCAR.

Oui, Gaul, le désespoir est au fond de mon cœur.

GAUL.

Ne peut-on l'adoucir ?

OSCAR.

Adoucir ma douleur !
Tu ne sais pas quel mal en mon sein je renferme.

GAUL.

J'en connais l'origine et j'en prévois le terme :
Toujours plus incertain du sort de son ami,
De ses succès Oscar ne jouit qu'à demi.
Dermide est loin de nous; mais l'amitié fidèle,
Mais ta victoire , Oscar, à Selma le rappelle.
Ah ! crois qu'il va bientôt reparaître en ces lieux.

OSCAR.

Fils de Morni , reçois mes éternels adieux.

GAUL.

Toi, quitter ces forêts où tu reçus la vie !

OSCAR.

Hélas!

GAUL.

C'est au coupable à quitter sa patrie.
Pourquoi, fils d'Ossian , en fuyant de ces bords,
Vouloir que tes chagrins ressemblent aux remords?
Dans ce funeste exil quel vain motif t'entraîne?

OSCAR.

Tout.

GAUL.

De notre amitié si tu chéris la chaîne,
Tu n'iras pas courir à de nouveaux hazards.

OSCAR.

Ami....

GAUL.

Que résous-tu ?

OSCAR.

De partir , et je pars.

GAUL.

Compte pour rien l'ami que ce projet afflige :
Mais ces égards sacrés que le malheur exige,
Peux-tu bien, sans remords, les blesser aujourd'hui?
Malvina, dans Morven, n'a que toi pour appui.
L'infortuné Dermide, en fuyant cette rive,
A tes soins confia son épouse plaintive,
Qui, dans la fleur de l'âge, aux portes du trépas,
D'un fils et d'un époux n'a pu suivre les pas.
L'as-tu donc arrachée à son état funeste,
Pour lui ravir sitôt le soutien qui lui reste?
Veux-tu l'abandonner ?

OSCAR.

Peux-tu m'en soupçonner ?
Te la confier, Gaul, est-ce l'abandonner?

Non , ce n'est pas en vain qu'en partant je réclame
La pitié, qui pour elle émeut déjà ton âme.
Mon cœur , dans son projet encor plus affermi,
Lui laisse un sûr appui dans mon meilleur ami.
Et d'ailleurs, qui pourrait refuser à ses charmes
L'intérêt qu'on ne croit accorder qu'à ses larmes ?
Qui pourrait résister à l'ascendant vainqueur
Des droits de la beauté joints aux droits du malheur?
Je crois la voir encor, longtems évanouie,
Reprendre, en gémissant, le fardeau de la vie.
Semblables aux rayons qui percent les vapeurs,
Ses yeux, d'un doux éclat, brillaient parmi les pleurs:
Semblables à l'éclair qui déchire la nue,
Ses yeux m'ont embrasé d'une ardeur inconnue ,
D'un transport si puissant, que jamais l'amitié
N'a parlé dans mon cœur plus fort que la pitié.
Va , ce seul souvenir me répond de ton zèle.
Ne fût-ce pas pour moi, tu feras tout pour elle ;
Pour cet être enchanteur que le destin combla
Des attraits qu'il partage aux filles de Selma ;
Être en qui la nature a mis sa complaisance,
Et semble s'admirer dans sa magnificence !
C'est à toi de veiller sur un objet si doux ;
C'est à toi de la rendre à son heureux époux.
Enfin si , réunis contre toute espérance,
L'un ou l'autre jamais accusait mon absence,

Dis-leur bien qu'en tout tems, fidèle à l'amitié,
A ce seul sentiment j'ai tout sacrifié;
Dis, qu'en m'abandonnant au hasard qui me guide,
Je ne puis oublier Malvina ni Dermide;
Dis que si d'eux enfin j'attends quelques regrets,
J'en suis digne aujourd'hui, si je le fus jamais.

GAUL.

J'apperçois Malvina.

OSCAR.

(à part.)
Mon âme est trop émue.
Sortons, ami.

GAUL,

Pourquoi te troubler à sa vue?

OSCAR.

(vivement.)
Je ne me trouble pas.

GAUL.

Mais si j'en crois tes yeux,
Ton cœur....

OSCAR.

Trop de douleur suivrait de tels adieux.
Sortons.

SCÈNE II.

GAUL, OSCAR, MALVINA.

MALVINA.

Fils d'Ossian, pourquoi fuir ma présence ?
Pourquoi vous dérober à ma reconnaissance ?
Un sentiment si doux a-t-il pu vous lasser ?

OSCAR.

O charme de Selma, pouvez-vous le penser ?
Ce sentiment, le seul auquel j'ose prétendre,
Gardez-vous, Malvina, de le jamais reprendre :
Je n'en suis pas indigne ; et prêt à vous quitter,
C'est l'unique bonheur que je puisse emporter.

MALVINA.

Quelle est cette tristesse, et quel est ce langage ?
Oscar.....

OSCAR.

Je ne saurais en dire davantage.

MALVINA.

Pourquoi loin de Morven porter encor vos pas ?

OSCAR.

Par pitié, Malvina, ne m'interrogez pas.

MALVINA.

De vos secrets chagrins craignez-vous de m'instruire ?

OSCAR.

Il faut partir : c'est tout ce que je puis vous dire.

MALVINA.

Partir ! et dans quel tems, Oscar ? et pour quel lieu ?

OSCAR.

Il faut partir !

MALVINA.

Et quand reviendrez-vous ?

OSCAR.

Adieu !
Ayeux de Malvina, du sein de vos nuages ,
Veillez sur ses destins , battus par tant d'orages !
Je vous la rends.

MALVINA.

Qu'entends-je !

GAUL.

>   Au désespoir livré,
Du monde entier Oscar est déjà séparé.
A lui-même étranger, il fuit tout ce qu'il aime;
Il fuit et sa patrie, et sa gloire et vous-même;
D'autant plus tourmenté du funeste poison
Qui consume à la fois sa vie et sa raison,
Qu'il aime à renfermer, dans son âme éplorée,
La cause du chagrin dont elle est dévorée.
Parlez au cœur d'Oscar: c'est à vous d'arracher
Le secret d'un chagrin qu'il s'obstine à cacher.

MALVINA.

Oui, je le veux. Oscar, que ce cœur se souvienne
Quels droits ma confiance obtenait à la sienne,
Quand faible, succombant au poids de mes douleurs,
Quand perdant tout ensemble et la voix et les pleurs,
Anéantie, en proie au sort le plus terrible,
A force de sentir je semblais insensible.
Vous me disiez alors: rendez-moi, par pitié,
La part, qu'en ses malheurs me doit votre amitié;
Ce noble sentiment soumet tout à ses chaînes;
Comme sur les plaisirs il a droit sur les peines;

Pour doubler le bonheur s'il le fait partager,
Le malheur qu'il partage en devient plus léger:
A pleurer dans son sein croyez qu'il est des charmes.
Vous le disiez: et moi je retrouvais des larmes.
Craignez-vous de pleurer?

OSCAR.

Je crains bien plus encor
De vous voir triompher d'un impuissant effort;
De rester sans vertu contre un charme suprême
Qui, d'accord avec moi, me combat par moi-même.
Mais non: plus je le sens, plus j'y veux résister.
Vous-même, en vos désirs bien loin de persister,
Tremblez que je ne cède; et tremblez de connaître
Ce funeste secret dont je suis encor maître,
Que d'un voile éternel je veux envelopper,
Et qui pourtant sans cesse est prêt à m'échapper;
Qui déjà.... Mais que dis-je? ô quel est mon délire!
Pourquoi vous cacherais-je un projet, que m'inspire
Le sentiment connu comme éprouvé pas vous?
Votre ami n'est-il pas l'ami de votre époux?
Si ce n'est l'amitié, Dermide, qui m'entraîne
De déserts en déserts sur ta trace incertaine?
Le plus saint des devoirs doit hâter mon départ;
Et si je pleure enfin, c'est de partir trop tard.

MALVINA.

Ne différez donc plus. Mon cœur sans méfiance
Juge de vos devoirs par votre impatience.
Partez: mais dédaignant d'inutiles détours,
Soyez vrai, soyez tel que vous fûtes toujours.
Je veux qu'un soin pressant loin de Selma vous guide :
Mais qu'un nouvel espoir de retrouver Dermide
Sur ses pas tout-à-coup doive vous ramener,
Voilà ce qui, peut-être, a droit de m'étonner.
Ou plutôt dans ton cœur je vois ce qui se passe :
Ce n'est pas le malheur, c'est Oscar qui se lasse ;
Oscar ! qui pour me fuir, en de lointains climats,
Brûle de revoler à la gloire, aux combats.
Non .... les combats, la gloire ont pour toi moins de charmes
Que tu n'as le besoin de ne plus voir mes larmes.
En fatigue, l'ennui, malgré nous, peut changer
Le sentiment qu'inspire un malheur étranger,
Voilà votre secret... j'aurais tort de me plaindre,
Si mon cœur eût forcé le vôtre à se contraindre ;
Digne de vos mépris, si j'avais mendié
Les soins dont m'accablait une fausse pitié ;
Pitié qui, malgré moi, cruelle autant que vive,
Rappelait dans mon sein mon âme fugitive.
Pourquoi donc forciez-vous mes yeux à se r'ouvrir ?
Je n'étais pas à plaindre, Oscar, j'allais mourir.

L'amitié, par degrés, combattit cette envie,
Et réconcilia mon âme avec la vie ;
L'amitié, par degrés, ramenait dans mon cœur
La consolation, peut-être le bonheur !
Suffisante à ce cœur, éteint par la souffrance
Mais presque ranimé par la reconnaissance,
Elle aurait adouci mes jours infortunés :
Je le crus, je le crois, et vous m'abandonnez !

OSCAR.

Je vous fuis ; et ce cœur que l'on croit insensible
Ne s'imposa jamais un devoir plus terrible.
J'ai mille fois bravé le feu, le fer, la mort ;
Mais je n'ai pas tenté de plus pénible effort.
Lorsque pour maintenir ma volonté première,
J'appelle à mon secours ma raison toute entière,
Pourquoi réveillez-vous en ce cœur combattu,
Tout ce qui pourrait vaincre un reste de vertu ?
Pourquoi fatiguez-vous d'une plainte imprudente,
Ma constance ébranlée et presqu'insuffisante ?
Pourquoi gémir ? pourquoi ces yeux baignés de pleurs ?
Ces yeux ! savez-vous bien qu'ils ont fait nos malheurs ?
Tels étaient vos regards, Malvina, quand mon âme
Se sentit dévorer d'une subite flamme ;
Lorsque je reconnus, dans mon cœur effrayé,
L'amour, que j'avais pris longtems pour la pitié :

'Amour impétueux, invariable, extrême ;
Amour digne d'Oscar et digne de toi-même ;
Qui sans doute eût serré les nœuds qu'il va briser,
Si de ton cœur encor tu pouvais disposer.
Dermide, ami fatal ! Dermide.... hélas ! j'ignore
S'il cessa d'exister, ou s'il existe encore.
Mais moi qui l'ai vengé, s'il revenait un jour,
De quel œil en ces lieux verrais-je son retour ?
Égaré, subjugué, jetté hors de moi-même,
Je ne suis plus à moi, je ne suis plus moi: j'aime.
Déjà mon cœur, qu'aveugle un sentiment fatal,
Dans son plus tendre ami ne voit plus qu'un rival.
A ce supplice affreux qui sans cesse m'obsède,
Aux malheurs qu'il prépare il n'est qu'un seul remède ;
C'est l'exil ; et j'y cours. Soit parmi les forêts
Qui des monts de l'Arven hérissent les sommets ;
Soit dans les flancs obscurs des rochers d'Inistore ;
Soit dans l'ombre des bois, plus redoutés encore,
Qui de l'impur Légo couvrent les bords fangeux ;
Cachant un désespoir plus effroyable qu'eux,
Fatiguant de mes cris les échos du rivage,
Je mêlerai ma voix à la voix de l'orage,
Au bruit de la tempête, au fracas des torrens,
Aux hurlemens plaintifs des fantômes errans.
Ou si quelque combat s'offrait à mon courage,
Je sens qu'avec plaisir je verrais le carnage!

Heureux, s'il me délivre, en abrégeant mon sort,
D'un amour qui n'aura de terme que ma mort.

SCÈNE III.

GAUL, OSCAR, MALVINA, RYNO.

RYNO.

Un Barde, sur ces bords jetté par les tempêtes,
Et pressé par les chefs de s'asseoir à nos fêtes,
Au conseil des vieillards, qu'il a fait assembler,
Avant tout, brave Oscar, demande à vous parler.

GAUL.

D'où vient-il ? vers Selma quel intérêt le guide ?

RYNO.

Arrivé de Loclin, il a nommé Dermide.

TOUS.

Dermide !

GAUL.

Il nous suffit. Nous marchons sur tes pas.

SCÈNE IV.

OSCAR, MALVINA, GAUL.

OSCAR.

De vains pressentimens ne m'abusaient donc pas !

Ce Barde, croyez-moi, ce messager fidèle,
Du retour de Dermide apporte la nouvelle.
Le bruit de ma victoire a traversé les mers;
Il a rejoint Dermide au fond de ses déserts,
Et rendu l'espérance à son âme abattue.
Si je vous ai sauvés par le coup qui me tue,
Puis-je m'en repentir? j'ai quelquefois gémi
De mon malheur, et non du bonheur d'un ami :
Enfin, dans son bonheur j'aime à voir mon ouvrage.
Mais n'exigez pas plus de mon faible courage ;
Et laissez-moi cacher au monde, que je fuis,
La honte et la douleur de l'état où je suis.

GAUL.

Arrête, Oscar, arrête ! Ami, que vas-tu faire ?
Fuir ! quand il faut tenter un effort tout contraire.
Fuir ! en un seul moment as-tu donc oublié
Ce qu'exigent de toi l'honneur et l'amitié ?
L'amitié ! qui longtems maîtresse de ton âme,
Te laissait ignorer qu'il fût une autre flamme ;
L'amitié ! qui te parle aujourd'hui par ma voix,
Et que tu vas trahir pour la première fois.

OSCAR.

Moi !

GAUL.

Ne te couvre pas d'une éternelle honte.
Et que pourraient penser d'une fuite aussi prompte
Ces vieillards assemblés par un grand intérêt;
Ce Barde, possesseur d'un important secret;
Et Dermide sur-tout qui, prêt à reparaître,
Pour t'embrasser, Oscar, t'attend déjà peut-être?
Non, Gaul en ce péril ne peut t'abandonner :
S'il ne peut te conduire, il saura t'entraîner,
Et, portant l'amitié jusques à la rudesse,
Te sauver, malgré toi, de ta propre faiblesse.
Ou plutôt, je connais ta générosité;
C'est elle que j'implore en cette extrémité.
Vois Malvina muette au milieu des alarmes;
Et si tu ne m'entends, entends du moins ses larmes.

OSCAR.

Eh bien ! qu'ordonnez-vous, Malvina ?

MALVINA.

                                       Malheureux!
C'est fait de nous; ce jour nous perdra tous les deux :
Ce jour nous a perdus. J'en crois cette épouvante
Que chaque instant accroît dans mon âme innocente :
Oui, sans doute, innocente ! et pourtant... n'attends pas
Que ma faible raison guide aujourd'hui tes pas.

Et qu'en obtiendras-tu, dans ce désordre extrême;
Quand je la cherche en vain pour me guider moi-même?
Plus le péril s'accroît, et plus nous nous troublons.
C'est Gaul qu'il faut en croire.

GAUL.

Eh bien, Oscar?

OSCAR.

Allons.

Fin du deuxième Acte.

ACTE III.

SCÈNE PREMIÈRE.

MALVINA, GAUL.

GAUL.

Vous n'avez plus d'époux; mais ce jour, dès longtems
Présagé par vos pleurs et vos pressentimens,
D'un bonheur imprévu flattant votre misère,
Dans l'épouse affligée épargne au moins la mère,
Votre fils est vivant.

MALVINA.

    Mon fils! Ah! croyez-vous
Qu'il n'ait pas partagé le sort de mon époux?

GAUL.

Il respire; et bientôt, dissipant vos alarmes,
De sa main consolante il essuîra vos larmes.

MALVINA.

Espoir longtems perdu! je sens trop qu'aujourd'hui
Mon malheur, presqu'entier, disparait devant lui.

2.   4

Ton ombre, ô mon époux! ton ombre magnanime,
Dans un transport si doux ne saurait voir un crime:
C'est celui d'une mère, et c'est celui d'un cœur
Au sein du désespoir surpris par le bonheur.
Mais qui peut retenir mon enfant?

GAUL.

L'esclavage
De Carril et de lui fut longtems le partage.

MALVINA.

Quoi Carril, quoi mon fils auraient porté des fers!
Il pourrait exister un homme assez pervers
Pour outrager en eux l'enfance et la vieillesse,
Et sur-tout la pitié qu'on doit à la faiblesse!
Je ne puis le penser.... Quel est donc ce tyran?

GAUL.

C'est le roi de Loclin; c'est le sombre Swaran,
Plus terrible aux mortels jettés sur ses rivages,
Que les flots, les rochers couverts de leurs naufrages.
Les droits, les soins pieux de l'hospitalité,
Remplacés par l'insulte et la captivité,
Voilà ce qu'au malheur réserve le perfide,
Et ce qu'en ses états a rencontré Dermide.
Près de son jeune enfant et de son vieil ami,
En d'obscurs souterrains le héros a gémi;

Dans la nuit des cachots traînant son existence,
Vivant pour la douleur, et mort pour l'espérance.
Toutefois il sortit de ce séjour d'horreur,
Il sortit : et ne fit que changer de malheur.
Ce vieillard, cet enfant, qui l'engageaient à vivre,
Plus observés, en vain tentèrent de le suivre.
Sa constance expirait ; quand un juste trépas
De Caïrbar enfin punit les attentats.
Ce bruit, pour les méchans signal de l'épouvante,
Rendit à votre époux sa constance expirante :
Sûr qu'à sa voix Morven, poursuivant en Swaran
Tant de forfaits punis dans son propre tyran,
Ravirait au malheur le reste de sa proie,
Dermide, respirant la vengeance et la joie,
Fait voile vers ces bords : il entrevoit déjà
Les rochers de l'Arven, les sapins du Cromla,
Ses foyers, sa patrie, asile, heureuse terre
Que l'absence aux bons cœurs rendit toujours plus chère !
Il sourit, mais en vain : tout-à-coup le jour fuit ;
Le spectacle enchanteur disparait dans la nuit :
L'éclair croise l'éclair ; l'air mugit, le ciel gronde ;
La tempête en hurlant creuse et soulève l'onde :
Sur ces mêmes rochers qui promettaient le port,
L'infortuné bientôt ne voit plus que la mort,
La mort qu'il ne peut fuir. La vague enfin chargée
Des débris dispersés de la nef submergée,

Dans ce commun désastre, hélas! n'a respecté
Que le Barde étranger qui nous l'a raconté.

MALVINA.

Infortuné Dermide! ainsi l'onde en furie,
L'engloutit à l'aspect de sa triste patrie.
Ainsi la mort, qu'en vain implorait sa douleur,
Le dévore à l'instant où fuyait le malheur.
Il n'est plus! mais du moins sur les nuages sombres,
Il a trouvé sa place entre d'illustres ombres;
Mais le repos l'attend auprès de ses ayeux,
Dans la nuit de la tombe et dans l'azur des cieux.
Et son fils! héritier de toute sa misère,
Loin du sein maternel exilé sur la terre,
Accablé sous le poids des fers et des malheurs....
Oh! c'est bien à son fils qu'il faut donner des pleurs!
N'est-il donc pas de terme à sa longue infortune?
Dermide immola tout à la cause commune;
En ces murs, sur les flots, au milieu des combats,
S'il n'a pas prodigué ses jours pour des ingrats,
Son fils, à vos secours, dans sa détresse extrême,
N'a-t-il pas tous les droits qu'il aurait eus lui-même?

GAUL.

Ces droits sont reconnus. Oscar rendu garant
De ces droits invoqués par Dermide expirant,

Oscar, impatient d'amitié, de vengeance,
A juré de briser les fers de l'innocence ;
Il remplira bientôt votre plus doux espoir :
Mais ce devoir, enfin, n'est pas le seul devoir
Qu'en s'élevant aux lieux où la vertu réside,
Au cœur d'Oscar, au vôtre, ait imposé Dermide.

MALVINA.

Poursuivez. Quel que soit ce devoir, cette loi,
Qu'un époux expirant ait prescrit à ma foi,
Ses volontés, ami, n'auront point été vaines.
Les volontés des morts sont des lois souveraines,
Qu'au défaut de l'amour l'effroi doit protéger :
Malheur à tout mortel qui peut les outrager !

GAUL.

Le Barde ainsi l'a dit, quand sa voix solennelle,
Des ordres d'un héros interprète fidèle,
Répétait à Selma les mots, les derniers mots,
Qu'exhalait votre époux luttant contre les flots.
Barde, s'écriait-il, Barde, si la tempête
Aujourd'hui t'épargnait, en accablant ma tête,
A l'invincible Oscar porte les derniers vœux
D'un ami, d'un époux, d'un père malheureux.
Ce que perd ma famille, Oscar peut le lui rendre.
S'il n'a pas oublié notre amitié si tendre,
S'il n'est pas enchaîné par des liens plus doux,

A Malvina qu'il rende un plus heureux époux.
Qu'un serment, dont j'emporte en mourant l'espérance,
Serment d'hymen bien moins que serment de vengeance,
Rende un père à mon fils, et porte chez Swaran
Cet effroi précurseur de la mort d'un tyran.

MALVINA.

Qu'a dit Oscar ?

GAUL.

Oscar en ces lieux doit se rendre :
De lui-même à l'instant vous le pourrez apprendre.
Le voici.

SCÈNE II.

MALVINA, OSCAR.

MALVINA.

Tout mon sang se porte vers mon cœur.

OSCAR.

Calmez, ô Malvina, calmez cette frayeur.
Pourquoi ces yeux baissés et ce morne silence ?
Le faut-il imputer à ma seule présence ?
Ou, non moins malheureux, Oscar doit-il penser
Que vous n'ignorez pas ce qu'il vient annoncer ?

MALVINA.

Votre ami de ces lieux s'éloigne à l'instant même.

OSCAR.

Eh bien?

MALVINA.

Prenez pitié de mon malheur extrême.

OSCAR.

On peut vous rendre un fils.

MALVINA.

Je le sais.

OSCAR.

Savez-vous,
Quels devoirs en mourant m'imposa votre époux?

MALVINA.

Je le sais.

OSCAR.

A ses vœux dois-je en tout satisfaire?

MALVINA.

Que me demandez-vous ?

OSCAR.

Répondez.

MALVINA.

Je suis mère.

OSCAR.

Vos désirs, Malvina, seront seuls accomplis.
Ordonnez.

MALVINA.

Je suis mère. Ah! rendez-moi mon fils.

OSCAR.

Je vous entends : sans doute Oscar doit vous le rendre ;
Oscar vous le rendra. Quoi qu'il faille entreprendre ;
Par de plus vastes mers, quand le sort en courroux
Séparerait encore et votre fils et vous ;
Quand pour le retenir en d'indignes entraves,
Swaran du monde entier m'opposerait les braves ;
Seul contre eux, croyez-moi, je n'hésiterais pas
A vous promettre encor les secours de mon bras.
Loin de m'en prévaloir, toutefois, je confesse
Que l'humanité seule obtiendrait ma promesse;
Qu'à votre fils, enfin, je n'offre qu'un appui
Qu'à tout infortuné j'offrirais comme à lui :
Ainsi nul intérêt, en faveur de ma flamme,
Ne doit en aucun tems solliciter votre âme.
Par des nœuds plus puissans s'il pensait, votre époux,
M'enchaîner au devoir, en m'enchaînant à vous,

Il douta de mon cœur ; et votre trouble extrême
Prouve qu'en ce moment vous en doutez vous-même.
N'ai-je pas dans ce cœur, n'ai-je pas sous les yeux
L'exemple à ma valeur offert par mes ayeux ?
De la vertu proscrite embrasser la défense,
Protéger le malheur, la vieillesse, l'enfance,
Tendre au plus faible un bras à l'oppresseur fatal ;
Voilà le vrai devoir d'un enfant de Fingal ;
D'un enfant d'Ossian, dont la voix immortelle
Célébra les héros qui l'ont pris pour modèle.

MALVINA, avec trouble.

Au nom de ces héros que vous me retracez,
Oscar ! ah ! n'accusez que mes sens oppressés
Du trouble de ce cœur qui ne peut se connaître ;
Trouble que votre aspect augmente encor peut-être...
Je sais ce que je dois aux ordres d'un époux,
A sa cendre, à l'usage, à mon enfant, à vous :
Il suffit... sur le reste approuvez mon silence ;
Et croyez seulement à mon obéissance.

OSCAR.

Écoutez : je vous aime ! et jusques à ce jour
Plus de beauté jamais n'inspira plus d'amour ;
Jamais !.... A votre vie associer ma vie,
Pour l'univers entier être un objet d'envie,

Se consacrer à vous par ces nœuds solennels,
Qui placeraient Oscar au-dessus des mortels ;
De cet Oscar, brûlé d'une ardeur insensée,
Telle est, ô Malvina, l'éternelle pensée.
Près de vous, loin de vous, elle assiége mon cœur ;
Tout bonheur disparait auprès d'un tel bonheur.
Dans mes premiers plaisirs je cherche en vain des charmes ;
Je ne tressaille plus au noble bruit des armes,
A la voix du guerrier, à la voix du chasseur ;
Et, si dans la forêt je traîne ma langueur,
Près de mon arc oisif, sur le mont solitaire,
Bondit impunément le chevreuil téméraire.
Mon être se consume en pénibles combats.
Ambitieux d'un bien que je n'espère pas,
Je n'ai rien attendu de ma longue constance :
Mais je ne devrai rien à votre obéissance.
Qui ? moi ! vous obtenir d'un autre que de vous !
Qui ? moi ! vous voir soumise aux ordres d'un époux,
Plus froide que la tombe entre nous deux placée,
A ma brûlante main tendre une main glacée,
Répondre à mes soupirs par des gémissemens,
Et l'œil chargé de pleurs recevoir mes sermens !
Esprits du ciel ! avant que ma voix les profère,
Esprits vengeurs ! sur moi tombe votre colère !
Jusqu'au dernier soupir, errant, désespéré,
J'aime mieux, des vivans et des morts abhorré,

De la nature entière épuiser l'injustice,
Que de me condamner à l'horrible supplice
De presser sur mon cœur un cœur inanimé,
Qui ne m'aimera point s'il ne m'a point aimé.

MALVINA.

Qui te l'a dit, cruel ? et que dis-je moi-même ?
O vous ! qui connaissez mon infortune extrême,
M'osez-vous demander, en ce jour de douleur,
Un autre sentiment que celui du malheur ?
Un autre ! Ah ! si mon cœur en connaissait un autre,
Si ce coupable cœur répondait trop au vôtre,
Il m'en coûterait moins d'expirer à vos yeux
Que de vous faire, Oscar, ces pénibles aveux !
Je ne te parle pas de ma reconnaissance ;
Ainsi que ta pitié, tu sais qu'elle est immense,
Qu'elle anime ce cœur, dont elle est le soutien,
D'un sentiment bien vif, mais plus doux que le tien.
Oh ! s'il te suffisait ! j'y trouve tant de charmes !
S'il ne tarit, au moins il adoucit mes larmes ;
J'aime à te l'avouer comme à le ressentir,
Et je puis, en tous lieux, t'en parler sans rougir.
Je le croyais du moins !... et cependant mon trouble
S'accroît à chaque instant, à chaque mot redouble ;
Il me presse, il m'accable, il me jette à tes pieds.
O toi, qui vois ces pleurs, dont mes yeux sont noyés,

Cher et cruel Oscar, toi dont le cœur s'offense
De ne devoir ma foi qu'à mon obéissance,
Penses-tu que celui qui t'engagea ma foi,
A cette obéissance ait plus de part que toi?

OSCAR.

Qu'entends-je? ô Malvina!

MALVINA.

J'en ai trop dit.

OSCAR.

Achève.

MALVINA.

Contre mon cœur, Oscar, ma raison se soulève.
C'est à toi de calmer ces douloureux transports ;
C'est à toi d'imposer silence à mes remords :
Et crois qu'ils se tairont dans le cœur d'une mère,
Sitôt que mon enfant t'aura nommé son père.

OSCAR.

J'aurai bientôt remis ce fils entre tes bras....
Qui donc, fils de Morni, vient ici sur tes pas?

SCÈNE III.

MALVINA, OSCAR, GAUL, Le BARDE, PEUPLE.
(Le jour commence à tomber.)

GAUL.

Le Barde ; et ce cortège à vos regards l'annonce.
Le voici.

LE BARDE.

Malvina, quelle est votre réponse?
Quand satisferez-vous aux volontés des morts?

MALVINA.

Demain. *(Elle sort.)*

LE BARDE.

Fils d'Ossian, quand quittez-vous ces bords?

OSCAR.

Demain.

LE BARDE.

Dès que le jour, dans ces murs déjà sombres,
De la nuit qui descend éclaircira les ombres,
Qu'il aura pénétré dans ces lieux de repos,
Consacrés par la cendre et le nom des héros;
Dans ces bois, où la pierre insensible et funèbre
Des guerriers de Selma couvre le plus célèbre;
Au tombeau de Fingal, le plus grand des mortels,
J'irai donc recevoir vos sermens mutuels. *(Il sort.)*

OSCAR.

Et vous, amis d'Oscar, que nos voiles soient prêtes
A braver dès demain l'élément des tempêtes.
La gloire nous appelle à travers les dangers :
Et l'innocent gémit sur des bords étrangers. *(Ils sortent.)*

SCÈNE IV.

OSCAR *seul.*

Si j'en crois mon espoir, si j'en crois mon courage,
Tu reverras bientôt ce fortuné rivage,
Enfant, qui dès ce jour es devenu le mien!
Vieillard, de cet enfant le généreux soutien,
Que trois ans de travaux, de dangers, de misère,
Ne purent détacher ni du fils ni du père!
Pour finir vos malheurs comptez sur mon appui;
J'espérai vaincre hier, j'en suis sûr aujourd'hui!
Et toi, qui pressentis le feu qui me dévore,
Toi, dont les derniers vœux sont des bienfaits encore,
Pour un fils vainement tu n'as pas supplié,
Dermide! ainsi qu'aux jours chers à notre amitié,
En fesant tout pour toi, je fais tout pour moi-même.
Plus digne et plus aimé de la beauté que j'aime,
Par de-là l'Océan je cours la conquérir;
Et rien, désormais, rien ne peut me la ravir.
Qui s'approche?

SCÈNE V.

OSCAR, un VIEILLARD.

LE VIEILLARD.

Daignez me recevoir encore,
Murs de Selma, palais du héros que j'adore,

Par l'immortel Fingal si longtems habité !

OSCAR.

Réclamez-vous les droits de l'hospitalité,
Vieillard ? Ah ! préférez le palais où vous êtes,
L'étranger de tout tems y partagea mes fêtes.

LE VIEILLARD.

Je ne fus pas toujours étranger dans ces lieux.

OSCAR.

Auriez-vous donc connu mes immortels ayeux ?
Vous pleurez !

LE VIEILLARD.

> O mon fils ! quelle âme assez flétrie
Peut revoir d'un œil sec les murs de sa patrie !

OSCAR.

Et qui donc seriez-vous ?

LE VIEILLARD.

> Vous-même...? Ah ! pardonnez !

OSCAR.

Quels traits se sont offerts à mes yeux étonnés !

LE VIEILLARD.

Oscar, le brave Oscar, doit être de votre âge.

OSCAR.

Si Carril retenu dans un dur esclavage....

CARRIL.

Oscar !

OSCAR.

Carril !

CARRIL.

Mon fils ! digne sang des héros,
Ton nom, ton nom terrible a traversé les flots.
Au bruit de tes exploits, ces âmes inhumaines,
Ces bourreaux de Loclin ont détaché mes chaînes.

OSCAR.

Et le fils de Dermide ?....

CARRIL.

Est libre aussi.

OSCAR.

Pourquoi
Ne puis-je entre mes bras le presser avec toi ?
Cet enfant m'appartient, Carril ; je suis son père :
Rends-le moi ; c'est à moi de le rendre à sa mère.

CARRIL.

Tu le verras bientôt. Ainsi donc, Malvina
N'a pas abandonné les remparts de Selma ?

OSCAR.

Hors de Selma, longtems, Malvina fut errante ;
De déserts en déserts je la traînai mourante ,
Jusqu'au jour, où vainqueur dans ces murs affranchis,
Des fers de Caïrbar je vengeai mon pays.
Rentrée en son palais, depuis elle y réside.

CARRIL.

N'a-t-elle rien appris sur le sort de Dermide?

OSCAR.

De son époux, longtems , elle ignora le sort ,
Et n'apprit qu'aujourd'hui son naufrage et sa mort.

CARRIL.

Un autre engagement ne l'unit pas encore ?

OSCAR.

Un autre engagement, au retour de l'aurore,
Par l'ordre de l'époux qu'elle perd aujourd'hui,
Dès demain à son fils assure un autre appui.

CARRIL.

Il est donc tems encor !

OSCAR.

Carril, que veux-tu dire ?

CARRIL.

Tu reverras Dermide.

OSCAR.

Il n'est plus.

CARRIL.

Il respire.

OSCAR.

Auprès du port Dermide a rencontré la mort.

CARRIL.

A la mort échappé, Dermide est dans le port.

OSCAR.

Qui l'a dit?

CARRIL.

Je l'ai vu. Tout prêt à reparaître ,
Au tombeau de Fingal il est déjà peut-être.
Son fils, ce faible enfant qu'il porte entre ses bras,
D'un cher et doux obstacle embarrasse ses pas ,
Ses pas que va bientôt accélérer la joie.
Qu'à cet espoir, mon fils, la tienne se déploie.
J'ai rempli mon devoir; et, prompt à revenir,
Je cours hâter l'instant qui doit vous réunir.

SCÈNE VI.

OSCAR , *(dans l'accablement.)*

Je meurs..... Impunément crois-tu qu'on m'en sépare?
Tu me verras avant, tu me verras , barbare !

Mon ami !.... mon bourreau !... dans mon cœur effrayé,
Dans mon cœur déchiré d'amour et d'amitié,
Quel combat !... quel transport et m'agite et m'entraîne?
J'en frémis.... Malheureux ! connaîtrais-tu la haîne ?
Non jamais.... Demeurons... Je ne puis... Où courir?...
Au devant du cruel, l'embrasser et mourir.

Fin du troisième Acte.

ACTE IV.

Le théatre représente un bois funèbre. Parmi plusieurs tombeaux, on distingue celui de Fingal, indiqué par quatre pierres, suivant l'usage des Calédoniens. La lune éclaire la scène.

SCÈNE PREMIÈRE.

DERMIDE, FILLAN *qu'il tient par la main.*

DERMIDE.

En vain le jour a fui : par sa douce clarté,
La lune a de ces bois banni l'obscurité ;
Point d'effroi, mon enfant.

FILLAN.

Arrivons-nous ?

DERMIDE.

Courage!
Je crois appercevoir un endroit moins sauvage.

FILLAN.

Je suis bien fatigué.

DERMIDE.

Jette-toi dans mes bras.

FILLAN.

Tu m'as porté longtems. ...

DERMIDE.

Viens toujours, ne crains pas.
A me suivre, Fillan, faut-il que tu t'efforces?
Pour tous les deux encor je me sens là des forces.
Viens sur mon cœur!

FILLAN, *dans les bras de Dermide.*

Mon père!

DERMIDE.

En croirai-je mes yeux?
Demeurons: c'est ici, dans ces funèbres lieux,
Qu'au fidèle Carril j'ai promis de l'attendre.
O Fingal! c'est ici que repose ta cendre!
Voilà donc de nos pas l'inévitable but!
Tombeau, séjour de mort, séjour de paix, salut!
Reçois les premiers vœux de mon âme attendrie:
N'es-tu pas des humains la commune patrie?

FILLAN.

A qui parles-tu donc?

DERMIDE.

A ces tombeaux, mon fils ;
Aux restes des héros en ces lieux endormis.

FILLAN.

Et qu'est-ce qu'un héros ?

DERMIDE.

Mon enfant, c'est le brave
Qui ne fut point tyran et ne fut point esclave;
Et qui, dans ses succès, funeste aux seuls pervers,
Toujours grand , fut plus grand encor dans les revers.

FILLAN.

Mon père, tu l'es donc?

DERMIDE.

Une vie importune
Me donne à ce grand nom les droits de l'infortune.
Peut-être ai-je souffert avec quelque vertu :
Je le dois aux méchans.

FILLAN.

Les méchans ! que dis-tu ?

DERMIDE.

Oui, mon fils, les méchans, ceux donc les mains coupables
Sous un pouvoir injuste écrasent leurs semblables;
Ceux qui, des biens du faible odieux ravisseurs,
Et des vertus du pauvre insolens oppresseurs,
Sur l'enfance elle-même étendant leur furie,
Possèdent un empire, et n'ont pas de patrie.

FILLAN.

J'en ai déjà connu!

DERMIDE.

Je le sais trop, mon fils.

FILLAN.

Et les méchans jamais ne sont-ils donc punis?

DERMIDE.

Tôt ou tard, mon enfant, leurs ombres prisonnières
Vont grossir du Légo les vapeurs meurtrières;
Mais, dès leur premier crime, en ce monde offensé,
Leur juste châtiment a déjà commencé.
Le sentiment secret de leur propre injustice,
Dans le cœur des méchans, est leur premier supplice:
En tous lieux, à toute heure, il s'attache après eux.

FILLAN.

Mon père, les méchans sont donc bien malheureux!

DERMIDE.

Je les plains. Mais je vois se fermer tes paupières.
Où pourras-tu dormir, mon enfant?

FILLAN.

                Sur ces pierres;
Mais ne me quitte pas! *(Il s'endort sur le tombeau.)*

DERMIDE.

                Pauvre enfant! il s'endort.
Un même lit unir le sommeil et la mort!
  (Montrant l'enfant)
Là dessus le repos :
             (Montrant le tombeau)
           Là le repos encore!
Par-tout.... hors dans ce cœur que le chagrin dévore;
Ce cœur, qui vainement s'épuise à terrasser
Le malheur, qu'il sait vaincre et qu'il ne peut lasser.
Carril ne revient pas!.... Toujours plus incertaine,
Dans le vague avenir, ma raison se promène.
Le bruit de mon trépas, à Selma parvenu,
Pour m'en fermer l'accès, m'aurait-il prévenu?
Si celui qui me croit victime du naufrage,
Si le Barde, avant moi jeté sur ce rivage,

Au trop docile Oscar, avait déjà porté
D'un imprudent époux l'express volonté !
J'en frémis.... Malheureux ! ah ! je sens à la flamme,
A l'amour, par l'absence irrité dans mon âme,
Qu'ingrat envers celui qui m'aurait obéi,
Pour être trop aimé, je me croirais haï :
Mon âme à ce penser de fureur est saisie.
Que dis-je ! injuste plainte, injuste jalousie !
Me sied-il d'accuser ? ne l'ai-je pas voulu
Cet hymen, qui déjà ne peut être conclu ?
Qui, lorsque je touchais au terme de ma vie,
D'un père au désespoir était l'unique envie ?
D'ailleurs, de peu d'instans on a pu précéder
Mon retour, que mon fils pouvait seul retarder.
N'en doutons plus ! après de si longues misères
Je vais enfin revoir le palais de mes pères !
Je vais enfin presser sur mon cœur attendri
Mon enfant, mon épouse et le plus tendre ami !
Et toi, dans ce retour dont je jouis d'avance,
Oscar, tu vas aussi trouver ta récompense !
Doux espoir, à mon cœur conserve ton appui !
J'entends du bruit.... Carril !... ce n'est pas encor lui !
A travers les forêts, la nuit et le silence,
A pas précipités, quelqu'un pourtant s'avance :
Parle, qui que tu sois : quel est ton nom ?

SCÈNE II.

DERMIDE, OSCAR, FILLAN *endormi.*

OSCAR.

Oscar.

DERMIDE.

Qu'entends-je ! est-ce bien toi, vainqueur de Caïrbar ?
Un fantôme imposteur n'a point pris ta figure ?
Viens sur mon cœur, ami, viens que je m'en assure.

OSCAR.

Oui, c'est Oscar, qui pleure entre tes bras serré.
J'existe, je le sens.

DERMIDE.

O jour inespéré !
Jour fait pour racheter un siècle de disgrace !
Est-il quelque malheur que l'amitié n'efface !

OSCAR.

L'amitié !

DERMIDE.

Mais pourquoi ne me réponds-tu pas ?

OSCAR.

L'amitié !

DERMIDE.

Je te sens tressaillir dans mes bras;
Sur mon sein effrayé je sens couler tes larmes.
Eh quoi! cet autre objet de mes tendres alarmes,
Mon épouse!...

OSCAR.

Elle vit.

DERMIDE.

Seriez-vous unis?

OSCAR.

Non.

DERMIDE.

D'où vient donc ta douleur? quel funeste poison,
Quel chagrin dévorant s'est glissé dans tes veines?

OSCAR.

L'amitié, m'as-tu dit, doit terminer nos peines.

DERMIDE.

Qui le sent mieux que moi?

OSCAR.

En ces affreux momens,
C'est donc à l'amitié de finir mes tourmens.

DERMIDE.

Parle : en mon cœur jamais elle ne fut plus forte.
Quels sont tes maux?

OSCAR.

Affreux.

DERMIDE.

Qui les causa?

OSCAR.

N'importe.

DERMIDE.

Quels remèdes, enfin ?

OSCAR.

Il n'en est qu'un.

DERMIDE.

Eh. bien ?

Au prix de tout mon sang. . .

OSCAR.

Au prix de tout le mien ,
Rends-moi la paix.

DERMIDE.

Il faut. . . ?

OSCAR.

Dans ce cœur qui t'implore,
Il faut plonger ce fer, et le plonger encore.
Sois mon ami.

DERMIDE.

Cruel ! que prétends-tu de moi ?

OSCAR.

Un bienfait, le dernier que j'exige de toi ;
Si ton bras le refuse à ma douleur, Dermide,
Tu n'es plus qu'un ingrat, tu n'es plus qu'un perfide :
Ote-moi, par pitié, le droit de te haïr.

DERMIDE.

Me haïr ! va, cruel, ce mot m'a fait frémir,
Bien plus que ta raison, c'est ton cœur qui s'égare.
Me haïr ! le veux-tu ? le pourrais-tu, barbare ?
Par quel forfait, Dermide a-t-il donc mérité
Cet affreux sentiment de ton cœur irrité ?
Loin d'imaginer rien qui doive armer ta rage,
Je ne trouve entre nous qu'un mutuel partage
De travaux, de plaisirs, de malheurs, de vertus,
Que bienfaits acceptés, et que bienfaits rendus.
J'interroge mon cœur, j'interroge ma vie,
Dès l'instant où naquit l'amitié qui nous lie,
Jusqu'au premier instant qui la voit démentir ;
Je ne sais pas pourquoi tu pourrais me haïr.
Hélas ! jusqu'à ce jour où le sort homicide
Me sépara d'Oscar, te ravit à Dermide,

Dans la paix, dans la guerre, en nos murs, en nos bois,
Sous une même tente, ou sous les mêmes toits,
Tout à cette amitié, qu'à mon tour je réclame,
Nous n'avions qu'un désir, qu'un intérêt, qu'une âme!
Un accord si touchant pourrait-il bien finir?
Le sort nous sépara : veux-tu nous désunir?
Veux-tu rendre éternels les tourmens de l'absence?
Ne les connais-tu pas? Oscar! sans espérance,
Vers toi, de mon exil, j'ai si longtems crié,
Si longtems de mon être appelé la moitié;
Tu ne m'entendais pas! ah! quand tu peux m'entendre,
A de plus grands malheurs, s'il faut encor m'attendre;
Si mes pleurs, si mes cris ne peuvent t'attendrir,
Comme toi désormais, je n'ai plus qu'à mourir.

OSCAR.

Mourir! non, c'est à toi de vivre et de me plaindre,
Mon ami, crois sur-tout que rien ne peut l'éteindre
Ce premier sentiment de mon cœur enflammé,
Que ta tendresse en vain n'a jamais réclamé.
Il doit nous séparer pour peu qu'il dure encore;
Il nous séparera... Toi, qu'en tes bras j'implore,
Au nom de tous les biens qu'il te faudrait quitter,
Jure à mon amitié de ne pas l'imiter.
Toi, mourir! loin de toi cette exécrable envie!
Insensé, peux-tu bien ne pas aimer la vie?

Époux de Malvina, réfléchis sur ton sort;
Réfléchis et frémis au seul nom de la mort,
Ce terme d'un bonheur qui t'enchaîne à la terre.
Jouis; et laisse, ami, le vœu de la misère
A celui, qui, lassé d'en traîner le fardeau,
Ne peut s'en affranchir qu'en fuyant au tombeau.
Plus que le sort, crois-moi, ne te sois pas barbare.
Cher ami, si ce sort cruellement bisarre,
T'entraînait, malgré toi, dans un malheur certain,
Par l'attrait d'un bonheur prompt à fuir sous ta main;
Si tes devoirs, soudain, s'étaient changés en crimes;
Sous tes pas innocens pour creuser des abîmes,
Bien plus, si l'amitié s'alliait en ce jour,
Au plus involontaire, au plus ardent amour,
En proie à tous les maux qui pèsent sur ma tête,
Tu pourrais. . . .

DERMIDE.

Je t'entends : arrête, Oscar, arrête!

OSCAR.

Si tu m'entends, pourquoi ne m'as-tu pas frappé?

DERMIDE.

A la fureur des eaux pourquoi suis-je échappé?
Malheureux!

OSCAR.

Pour trouver dans l'ami qui t'implore,
Un mortel mille fois plus malheureux encore;
Car tu ne connais pas l'excès de mon tourment :
Comment te l'exprimer ? fatal ami, comment
Te peindre une douleur, un supplice, un martyre,
Plus cruel, plus affreux que je ne puis le dire ?
Il est là. . . sur ce cœur qui cherche à respirer,
Mets un moment la main qui doit le déchirer;
Mets, te dis-je, et frémis. Sens-tu comme il palpite ?
En bouillonnant, sens-tu comme il s'y précipite (14)
Ce sang, qui court puiser dans ce cœur allumé
Ces torrens embrasés dont je suis consumé ?
Crois-tu que cette fièvre inextinguible, ardente,
Qui, jusqu'entre tes bras, me sèche et m'épouvante,
Soit l'effet passager d'un caprice ou d'un jour ?
C'est celui de l'amour, mais d'un constant amour,
Mais d'un premier amour accru par le silence;
Et qui devient fureur en perdant l'espérance!
Oui, fureur, et je cède à son ordre fatal. . . .

DERMIDE.

Mon ami!

OSCAR.

Mon ami! tu n'es que mon rival.

Crois-tu m'ôter, me rendre, au gré de ton envie,
Un bien qui m'est plus cher que l'honneur et la vie?
Avant que de mes bras tu puisses l'arracher,
Sache que sur mon corps il te faudra marcher.
Dans mon cœur tout sanglant viens donc me la reprendre,
Des pleurs! sont-ce des pleurs que nous devons répandre?
Du sang!

DERMIDE.

Eh bien, du sang! Après de tels aveux,
La terre ne peut plus nous porter tous les deux.

OSCAR.

Tu l'as dit.

DERMIDE.

. Ta fureur ne sera pas trompée,

OSCAR.

Que fait à tes côtés cette inutile épée?
La mienne impatiente est prête à prononcer;
Dans ces mains, malgré moi, je la sens se placer.
Défends-toi.

DERMIDE.

Venge-toi; tout le veut, tout l'ordonne;
Qu'à tout son désespoir ton amour s'abandonne:
J'ai causé tes malheurs et j'en suis le témoin;
La mort est désormais mon unique besoin:

Hors de moi comme en moi, mon supplice est extrême.
Que dis-je? à ta fureur suis-je étranger moi-même?
Non : et je le sens trop à mes transports jaloux,
Je sens que je suis père et que je suis époux :

(Il tire son épée.)

Mais avant de combattre un rival qu'il abhorre,
Que l'un et l'autre ami se reconnaisse encore :
Embrassons-nous, Oscar.

OSCAR, *(dans ses bras.)*

Eh cruel! qui de nous,
Peut sur l'autre à présent porter les premiers coups?

DERMIDE.

Le plus infortuné.

OSCAR.

Rends-lui donc son courage.

DERMIDE.

Un seul mot suffira pour ranimèr ta rage....

OSCAR.

Ne le prononce pas.

DERMIDE.

Malvina !

OSCAR.

Malheureux !

DERMIDE.

Frappe !

FILLAN , *(se réveille avec effroi.)*

Mon père !

OSCAR , *(fuyant.)*

Enfant, pourquoi ces cris affreux ?
Ne crains rien.

DERMIDE.

Je te suis

OSCAR.

Fuis. Ma raison s'altère.
Je ne me connais plus.

FILLAN.

Il te tuera, mon père !

OSCAR , *(sort précipitamment ; Dermide le suit.)*

Jamais ! jamais !

SCÈNE III.

FILLAN , CARRIL.

CARRIL.

Quels cris se font entendre ici ,
Dermide ?

FILLAN.

Viens-tu donc pour le tuer aussi ?

CARRIL.

Ma voix doit rassurer ton âme trop timide.
Je suis Carril, Fillan. Qu'est devenu Dermide ?

FILLAN.

Défendons-le, Carril !

CARRIL.

Et de qui ?

FILLAN.

D'un méchant.

CARRIL.

Où sont-ils ?

FILLAN.

Dans ce bois.

CARRIL.

Conduis-moi, mon enfant.

Fin du quatrième Acte.

ACTE V.

SCÈNE PREMIÈRE.

MALVINA, GAUL.

GAUL.

C'est ici, dans ces bois, sur cette tombe auguste,
Où des chefs de Selma repose le plus juste,
Que vous ferez entendre, à l'ombre d'un époux,
Le serment qu'il exige et d'Oscar et de vous.

MALVINA.

Hélas !

GAUL.

Votre terreur n'est donc pas dissipée ?

MALVINA.

De la même terreur je suis toujours frappée.

GAUL.

Craignez de retomber dans votre accablement.

MALVINA.

Je ne puis m'affranchir d'un noir pressentiment,

GAUL.

Cet effroi ne convient qu'à l'âme criminelle :
Cet effroi conviendrait à Malvina rebelle,
A l'insensible Oscar, s'ils rejettaient les vœux
Par Dermide expirant adressés à tous deux :
Mais, peut-il s'accorder avec votre innocence ?

MALVINA.

Je frémis, malgré moi, de mon obéissance.
Il me semble, en rentrant dans ce séjour des morts,
Que toutes mes terreurs se changent en remords.
Mon devoir m'épouvante. Une importune idée
Renaît à chaque instant dans mon âme obsédée :
De l'avare océan si trompant le courroux,
Dermide. . . . si la mort relâchait mon époux ;
Répondez-moi, serais-je innocente ou coupable ?
Malheureuse ! ah ! ce doute affreux, insupportable,
Jusque dans le sommeil me trouble, me poursuit !
Écoutez, frémissez ; je croyais cette nuit,
A ce jour incertain, dont la tremblante lune
Éclaire en pâlissant les pleurs de l'infortune,
Former avec Oscar l'engagement nouveau
Qui me ramène encor sur ce même tombeau :
Semblable au ravisseur, dans sa brûlante joie,
Oscar me saisissait comme on saisit sa proie ;

Paraissant tout-à-coup, quand Dermide a crié :
Rends-moi, rends le dépôt que je t'ai confié !
La mort ! a dit Oscar.... L'affreux combat s'engage.
Des héros, vainement, je veux fléchir la rage,
L'arrêt de la fureur ne peut se révoquer,
Et je sens dans mon sein leurs fers s'entre-choquer.
J'expirais : tout-à-coup, succédant à son père,
Paraît un jeune enfant ; il m'appelait sa mère :
Par de chastes baisers, dans son pieux transport,
Il ranimait mon cœur, engourdi par la mort :
Dans ce cœur, déchiré par d'homicides armes,
La consolation tombait avec ses larmes.
Douce et trop courte erreur qui charmait mon sommeil,
Et m'enchanta longtems, même après mon réveil !

GAUL.

A ce seul souvenir abandonnez votre âme.
Bien plus que votre époux, votre enfant le réclame
Ce serment qui, sitôt qu'il doit être entendu,
En effet, lui rendra tout ce qu'il a perdu.

MALVINA.

Je vous crois : oui, c'est trop m'inquiéter d'un songe ;
Oui, de la vérité séparons le mensonge.
Sans doute, Oscar tiendra tout ce qu'il a promis.
Eh ! quel autre qu'Oscar peut me rendre mon fils ?

J'espère tout d'Oscar : oui, sa vertu m'est chère
Comme amie, et sur-tout.... et sur-tout comme mère !
Oui j'aime, j'idolâtre, en son bras triomphant,
L'appui, l'unique appui qui reste à mon enfant.

SCÈNE II.

MALVINA, GAUL, OSCAR.

OSCAR , *(égaré.)*

Il ne me suivra plus . . . loin de moi toute crainte.
Quelle est cette terreur dont mon âme est atteinte?
Il ne me suivra plus.... il l'a promis....

MALVINA.

Hélas !
Dans quel désordre affreux il porte ici ses pas !

OSCAR.

A devenir coupable il voudrait me contraindre;
Mais je fuirai si loin qu'il ne pourra m'atteindre.
Il accoürt.... mes amis, en ce moment d'effroi,
Sauvez-le, placez-vous entre le crime et moi :
Je veux être innocent.

GAUL.

Qui te poursuit?

OSCAR.

Barbare !
N'as-tu pas de pitié du transport qui m'égare ?
Obstiné sur ma trace, attaché sur mes pas,
Il ressemble au malheur qui ne me quitte pas.
O fureur ! ô supplice !

GAUL.

Un funeste prestige,
Au-delà du sommeil et te trouble et t'afflige.
Reconnais-moi : reprends ta force et ta raison,
Mon ami !

OSCAR.

Garde-toi de répéter ce nom :
Il assassine.

MALVINA.

Oscar peut-il le méconnaître ?

OSCAR.

Oh ! si vous le savez, parlez, où peut-elle être ?
Malvina ! Malvina !

MALVINA.

Malheureux, dis-le moi,
Plus d'intérêt, jamais, l'annonçait-elle à toi ?
Plus douce que ma voix, quand tu savais l'entendre,
Sa voix exprimait-elle une pitié plus tendre ?
A ces pleurs que tes yeux laissent tomber, les siens

Uniraient-ils des pleurs plus amers que les miens ?

OSCAR.

Vous pleurez !

MALVINA.

Ah! finis de trop longues alarmes,
Et reconnais du moins ton amie à ses larmes.

OSCAR.

Oui, c'est toi, je le sens ; oui, tes pleurs ont coulé
Jusqu'au fond de ce cœur à ta voix consolé.
Reste-là... de ce cœur que tant d'amour enflamme,
Malvina, de tout tems, n'as-tu pas été l'âme ?
Je ne veux plus mourir.... Arbitre de mon sort,
La vie est près de toi; loin de toi c'est la mort....
Oh! ne me quitte plus....

MALVINA.

Que je perde la vie
Si je conçus jamais cette coupable envie.

OSCAR.

Où suis-je?... en ces forêts pourquoi m'a-t-on conduit ?
Ne me trompé-je pas ? dans ces bois.... cette nuit....
Auprès de ce tombeau.... je crois sortir d'un songe !

GAUL.

D'un songe est né le trouble où ton âme se plonge.

OSCAR.

Le crois-tu ?

MALVINA.

Tu ne peux en douter.

OSCAR.

Je le sens ;
Cet effroyable songe a troublé tous mes sens :
D'une horreur, que jamais je n'avais ressentie,
Il épouvante encor mon âme anéantie.
Des cris.... des pleurs.... du sang! Non la réalité
N'eût jamais à ce point porté l'atrocité :
D'un tel forfait, Oscar ne fut jamais capable :
Oh! si j'eusse veillé que je serais coupable! (15)
Je dormais! je dormais!.... et Dermide?..

GAUL.

Son sort
Ne t'est pas inconnu?

OSCAR.

Dermide n'est pas mort?

GAUL.

As-tu donc oublié qu'un funeste naufrage,
L'engloutît à l'aspect du paternel rivage?
Que soumis au dernier, au plus cher de ses vœux,
Prêt à former ici d'indissolubles nœuds,

Tu viens, au faible enfant dont tu chéris la mère,
Promettre et la tendresse et les secours d'un père?

MALVINA.

Crains-tu de contracter ces doux engagemens?

OSCAR, *(avec effort.)*

Qui? moi!

GAUL.

Le Barde vient recevoir vos sermens.

OSCAR.

Quels sermens?

GAUL.

Écoutez.

SCÈNE III.

MALVINA, GAUL, OSCAR, LE BARDE, SUITE.

LE BARDE.

Oscar, un triste père,
Un malheureux enfant, une plaintive mère,
Implorent ta vertu d'une commune voix :
Hâte-toi de finir les malheurs de tous trois.
L'attente émeut déjà ces funèbres bocages;
Les ombres des héros penchés sur leurs nuages,

L'ombre de ton ami, de ce serment fatal
A ton impatience a donné le signal.
Jure....

OSCAR.

Le voyez-vous? c'est lui qui me l'arrache,
Ce fantôme importun qui sur mes pas s'attache;
D'abord mon bienfaiteur, et bientôt mon bourreau:
Pour la reconquérir il sort de son tombeau.

MALVINA

Oscar!

LE BARDE.

De tes devoirs, Oscar, qu'il te souvienne.
A sa tremblante main que j'unisse la tienne.

OSCAR.

Arrête: elle est sanglante!

LE BARDE.

Eh! d'où vient tant d'effroi?

OSCAR.

Le spectre menaçant se place entre elle et moi.
Où fuir....

SCÈNE IV *et dernière.*

MALVINA, GAUL, OSCAR, LE BARDE, CARRIL, FILLAN.

CARRIL.

Vengeance! amis, si la pitié vous guide,
Vous la devez au sang du malheureux Dermide;
Vous la devez aux pleurs du fils infortuné,
Dont le père, en ces bois, vient d'être assassiné.

MALVINA. *(elle tombe dans l'accablement.)*

Mon époux! mon enfant!

CARRIL.

La douleur te dévore,
Oscar!

GAUL.

Quel assassin l'a frappé?

CARRIL.

Je l'ignore.
Dermide, en combattant reçut le coup fatal,
Et m'a toujours caché le nom de son rival.
Mais ce fer, encor teint du sang de la victime,
Indique assez quel bras a consommé le crime.

OSCAR.

Ce fer où donc est-il ?

CARRIL.

Le voilà.

OSCAR.

C'est le mien !

MALVINA, (*revenant à elle.*)

Dermide est mort : ô toi, mon espoir ! mon soutien !
Toi, dont le bras se fût armé pour sa défense,
Cher Oscar, sois chargé du soin de sa vengeance.
Promets à sa grande ombre, à son fils, à ton fils,
Le sang du plus cruel de tous nos ennemis.
Oui, voilà ton enfant. Et toi mon fils....

FILLAN, (*envisageant Oscar.*)

Ma mère !

Fuyons.

MALVINA.

Voilà ton père.

FILLAN.

Il a tué mon père !

OSCAR.

Il dit vrai. Vous doutez, je ne doute pas moins :
Mais comment démentir ces accablans témoins,
Ce fer sanglant, ce cœur dont le secret murmure
S'unit, pour m'accuser, au cri de la nature ?
Meurtre affreux ! meurtre impie ! et quand l'ai-je commis ?
Comment ai-je égorgé le meilleur des amis ? ...
Malheureux ! j'implorais, dans ma fureur extrême,
La mort, qu'à ma fureur il demandait lui-même !
Mais de tant d'héroïsme ai-je osé le punir ?
J'en ai le sentiment et non le souvenir.
Amour, tyran d'Oscar, qui te hait et s'abhorre ;
D'Oscar qu'au désespoir tu disputes encore ;
Ces forfaits sont les tiens. De moi-même effrayé,
A l'amour exécrable ainsi qu'à l'amitié,
Accablé du retour d'une raison stérile,
Où fuir ? dans le tombeau.... c'est mon unique asile.

(Il se frappe).

GAUL.

Qu'as-tu fait ?

OSCAR.

Doux objet du plus funeste amour,
Je te perds, Malvina, mais non pas sans retour.
Plus heureux dans la mort, les voûtes étoilées
Réuniront un jour nos ombres consolées.

A mon sort, à présent, on peut donner des pleurs;
Ce qu'on refuse au crime, on l'accorde aux malheurs.
Déjà je vois Dermide à mon retour sourire;
Je vais le joindre.... adieu.... songe à ton fils: j'expire.

Fin du cinquième et dernier Acte.

Le cinquième acte qu'on trouvera dans ces variantes, n'eut pas de succès à la première représentation. L'intérêt expire, en effet, avec Dermide, dont la mort est annoncée dès le commencement de cet acte : je ne crois pas qu'il doive reparaître sur la scène ; mais, comme il contient des détails que le public avait applaudis, j'ai cru que l'on ne me saurait pas mauvais gré de le livrer à l'impression.

VARIANTES D'OSCAR.

ACTE IV.

Au moment où l'enfant s'endort sur le tombeau.

DERMIDE.

Pauvre enfant!... il s'endort!
Un même lit unir le sommeil et la mort!
(montrant l'enfant.)
Là dessus le repos:

(montrant le tombeau.)

Là le repos encore!
Par-tout! hors dans ce cœur que le chagrin dévore;
Ce cœur, qui vainement s'épuise à terrasser
Le malheur qu'il sait vaincre et qu'il ne peut lasser.
Carril ne revient pas!... toujours plus incertaine,
Dans le vague avenir ma raison se promène.
Le bruit de mon trépas, à Selma parvenu,
Pour m'en fermer l'accès m'aurait-il prévenu?
Si celui qui me croit victime du naufrage,
Si le Barde, avant moi jeté sur ce rivage....
Mais non; depuis l'instant qu'à la mort échappé,
J'ai franchi de l'Arven le sommet escarpé,

Trois fois l'astre du jour remplissant sa carrière,
A l'univers à peine a rendu la lumière.
De peu d'instans le Barde aurait pu précéder
Mon retour que mon fils pouvait seul retarder.
N'en doutons plus ! après de si longues misères
Je vais enfin revoir le palais de mes pères !
Je vais enfin presser sur mon cœur attendri,
Mon enfant, mon épouse et le plus tendre ami !
Et toi, dans ce retour dont je jouis d'avance,
Oscar, tu vas aussi trouver ta récompense :
Et quel plus digne prix de ces soins généreux
Qui, malgré les destins, m'ont forcé d'être heureux !
Carril ne revient pas !... dans sa marche tremblante,
La courière des nuits, s'avance encor moins lente
Que ce vieillard courbé sous le fardeau des ans :
Du malheur qui s'enfuit que les pas sont pesans !
On gémit.... c'est Carril !... c'est mon fils qui s'éveille !...
C'est l'aquilon plaintif qui trompe mon oreille !
Que dis-je ? écoutons bien.... j'entends encor du bruit !...
Carril ! Carril ! Eh non ! c'est l'oiseau de la nuit,
Qui venant m'effrayer d'un sinistre présage,
De son aîle, en fuyant, fait frémir le feuillage....
Doux espoir, à mon cœur conserve ton appui !
Le bruit renaît !... Carril !... ce n'est pas encor lui !
On s'avance pourtant vers ces retraites sombres !
Dans la nuit, des héros n'y voit-on pas les ombres,

Abandonnant des airs les palais éternels.,
De leur prochain trépas avertir les mortels?
Eh bien! qu'annonces-tu, fantôme illustre?... approche..!
A la crainte étranger aussi bien qu'au reproche,
Je t'attends : parle donc, quel est ton nom?

ACTE V.

Tel qu'il a paru à la première représentation.

Le théâtre représente un palais.

SCÈNE PREMIÈRE.

GAUL; OSCAR, *(dans l'abattement)*.

GAUL.

RECONNAIS-MOI, reprends ta force et ta raison,
Mon ami !...

OSCAR.

Garde-toi de prononcer ce nom :
Il assassine !

GAUL.

Oscar peut-il me méconnaître ?

OSCAR,

C'est toi!.... pardonne, ami, je te surprends peut-être;
Mais en vain je voudrais rappeler le passé,

De ma mémoire éteinte il est presque effacé :
Le présent m'offre à peine une incertaine image ;
Je n'entends, je ne vois qu'à travers un nuage.
Aide-moi. Dans ces bois qui donc m'avait conduit ?

GAUL.

Je t'y trouvai dormant au déclin de la nuit,
Non pas de ce sommeil rafraîchissant, paisible ;
Tu dormais, malheureux ! mais d'un sommeil terrible :
D'un songe avec effort repoussant le fardeau,
Tel qu'un mort qui voudrait soulever son tombeau.

OSCAR.

Tu l'as dit : en effet, je crois sortir d'un songe :

GAUL.

D'un songe est né le trouble où ton âme se plonge.

OSCAR.

Dans le délire affreux dont j'étais oppressé,
Qu'ai-je fait ?... qu'ai-je dit ?... que s'est-il donc passé ?
D'une horreur que jamais je n'avais ressentie
Il épouvante encor mon âme anéantie.
Des cris.... des pleurs.... du sang... Non, la réalité
N'eût jamais à ce point porté l'atrocité !
D'un tel forfait, Oscar ne fut jamais capable ;
Oh ! si j'eusse veillé, que je serais coupable !
Je dormais !... je dormais !... et Dermide ?...

GAUL.

Son sort....

Combien tu vas gémir !...

OSCAR.

Quoi ! Dermide ?...

GAUL.

Il est mort.

OSCAR.

Mort!....

GAUL.

Oui. Je te cherchais dans les détours sans nombre
Qui traversent nos bois, dont le jour chassait l'ombre ;
Quand appelé soudain par d'effroyables cris,
J'accours : entre Carril et son malheureux fils,
Je reconnais Dermide, à son heure dernière,
De son généreux sang inondant la poussière ;
Et quand il expirait, son bras inanimé
Du glaive meurtrier était encore armé.

OSCAR.

Mort !

GAUL.

Par ses propres coups.

OSCAR.

Ami, quoi ! c'est sa rage
Qui termina ses jours qu'épargna le naufrage !

GAUL.

De cet affreux tableau détourne ton regard.

OSCAR.

Quoi! dans son cœur, lui-même enfonça le poignard?

GAUL.

Rappelle à ton secours ta raison toute entière.

OSCAR.

Ah! pourquoi recouvrer cette affreuse lumière?

GAUL.

Ainsi que tes regrets, tes cris sont superflus.

OSCAR.

Je le sais, et pour moi c'est un malheur de plus.

GAUL.

Tu peux compter encor sur un ami fidèle.

OSCAR.

J'y compte : et je rends grâce à ton généreux zèle,
A tes soins empressés, au secourable bras
Qui jusqu'en ce palais soutint mes faibles pas.

GAUL.

N'en parle plus, Oscar; qu'ai-je fait que te rendre
Ce que de la pitié tout homme a droit d'attendre?

J'en eusse, envers un autre agi comme envers toi:
Tout malheureux, Oscar, est un ami pour moi.

OSCAR.

Je te suis donc bien cher?

GAUL.

Ah! crois-moi, si ma vie
Peut te rendre la paix que ce jour t'a ravie,
Tout mon sang est à toi.

OSCAR.

Je te crois sans effort.
Mourir pour un ami n'est pas un triste sort:
Mais lui survivre!

GAUL.

Oscar, dans ma tendresse extrême,
Je te sacrifirais jusqu'à mon bonheur même.

OSCAR.

Hélas! Dermide aussi me tenait ces discours!

GAUL.

De Dermide pourquoi t'entretenir toujours?

OSCAR.

Tu connais l'amitié, Gaul, et tu le demandes!

GAUL.

La raison. . . .

OSCAR.

Qu'à jamais des pertes assez grandes
Te laissent ignorer qu'il est un désespoir
Sur qui la raison même use en vain son pouvoir.
Affreuse expérience et par moi commencée !
Lé puis-je séparer de ma triste pensée,
Le souvenir de l'être à mon être arraché ?
A l'univers entier n'est-il pas attaché ?
Est-il un seul objet dans toute la nature,
Qui de ce cœur saignant ne creuse la blessure ?
De tout ce qu'il aima je suis environné :
Aux lieux où je gémis naquit l'infortuné.
Ce palais fut témoin des jeux de notre enfance ;
La forêt, des travaux de notre adolescence :
Dans les lieux où je vais, aux lieux d'où je revien,
Son pas fidèle encore est tracé près du mien ;
Je n'en puis faire un seul, en ce séjour d'alarmes,
Qui, sur mes yeux en pleurs, n'appelle d'autres larmes.
Tout parle à ma douleur ! nos remparts, nos déserts,
Les rochers de l'Arven, les rivages des mers,
Ces tombeaux redoutés, ce funèbre bocage ;
Tout se peuple, à mes yeux, d'une sanglante image !
Et quand pour fuir Dermide, épars dans ces climats,
J'irais chercher un ciel qui ne le connût pas,
Retrouverais-je moins aux bornes de la terre,
Et l'air que je respire et le jour qui m'éclaire,

Cet air que mon ami ne doit plus respirer,
Ce jour qui désormais ne pourra l'éclairer?

GAUL.

Ta douleur me déchire !

OSCAR.

Ah! Dermide, Dermide!
Et tu crois, mon ami, que sa main homicide. . . ?

GAUL.

Je te l'ai déjà dit: l'infortuné toujours
Assura que lui seul disposa de ses jours.

OSCAR.

Il l'assura ?

GAUL.

Carril nous rend ce témoignage.

OSCAR.

Je vois trop quel motif égara son courage !

GAUL.

Plus que jamais, pourquoi ton front s'obscurcit-il?

OSCAR.

Mon ami !

GAUL.

Que veux-tu ?

OSCAR.

Je voudrais voir Carril.

GAUL.

A ta douleur, déjà si profonde, si forte,
Il ne peut qu'ajouter par son aspect,...

OSCAR.

N'importe.

Je voudrais voir Carril....

GAUL.

Je cours te le chercher.

OSCAR.

Qu'on empêche sur-tout Malvina d'approcher.

SCÈNE II.

OSCAR, *seul*.

Je ne la verrai plus : dans mon malheur extrême,
Je dois la craindre autant que je me crains moi-même.
Dermide à son destin n'a donc pas échappé ?
Oui, c'est moi, par son bras, c'est moi qui l'ai frappé :
Dans son cœur accablé de ma douleur affreuse
J'ai plongé le poignard par sa main généreuse.
Digne ami, tu voulais, une seconde fois,
Au bonheur, en mourant, me céder tous tes droits.
Ta pitié fut plus loin que n'eût été ma rage,
Et je recueillerais ce sanglant héritage !

Et l'amour!... vœux cruels autant que superflus!
Malvina! Malvina! je ne te verrai plus.
Oui, je dois, oui je veux épargner à ta vue
Ce juste sentiment, cette horreur imprévue,
Cette invincible horreur qu'à l'univers entier
Inspira de tous tems l'aspect d'un meurtrier.
Je le suis à demi!.... Si ce bras moins timide,
Presque levé déjà sur le sein de Dermide;
Si ce fer que ma main.... ce fer.... où donc est-il?
Qu'en ai-je fait!... on vient....

NOTES ET REMARQUES

pour la Tragédie d'Oscar.

---

(1) On ne se brouille pas avec les dispensateurs de l'immortalité.

Cela est généralement vrai, même pour les tyrans : Octave protégeait Virgile ; Charles IX caressait Rousard ; Robespierre lui-même ménageait Lebrun : cependant, Néron a fait périr Lucain ; Domitien a exilé Juvénal ; et ces princes ne sont pas les derniers proscripteurs que les poëtes aient rencontrés sur le trône : il n'y a pas de règle sans exception.

(2) Macpherson les écrivit sous la dictée des pâtres.

L'authenticité des poësies d'Ossian est depuis longtems pour les littérateurs le sujet d'une contestation interminable. Nous pensons que la vérité se trouve entre les deux opinions : Macpherson n'a ni tout copié, ni tout inventé ; mais quelques modifications qu'il ait fait subir à ces poëmes, sauvages comme les contrées qui les ont inspirés, on est forcé d'y reconnaître un caractère qui ne peut appartenir ni à une littérature faite, ni à un poëte moderne, ni à un peuple parfaitement civilisé. Le nombre des idées, comme celui des images, y est extrêmement restreint : garantie, à ce qu'il nous semble, de la véracité de Macpherson. S'il eût été l'auteur de ces poëmes, eût-il pu se renfermer constamment dans un cercle aussi étroit, et ne pas donner, malgré lui, quelques indices de l'époque à laquelle il aurait conçu cette singulière imposture ? Cette remarque ne serait, sans doute, que la base d'une présomption, si elle ne portait que sur un seul poëme ; mais ne devient-elle pas preuve concluante quand elle est fondée sur l'examen de tant de morceaux différens ?

(3) Emprisonne dans les vapeurs des marais les ombres des méchans et des lâches.

« Dans la vallée solitaire croupit l'âme du lâche ; les années
» s'écoulent, les saisons se succèdent ; il reste toujours inconnu ;
» la mort vient abattre sa tête blanchie par les années ; alors son
» ombre est roulée par les vapeurs des plaines marécageuses ; ja-
» mais on ne la voit s'élever sur les collines où régnent les vents ».

Ossian, Témora, chant. 4.me

(Voir aussi dans les poësies d'Ossian la 1.re note du chant 7.me
de *Témora.*)

(4) Méhul.

Un des premiers musiciens de cette époque ; homme doué
d'un grand génie, d'un noble caractère et de toutes les qualités qui concilient à celui qui les possède, l'amitié, l'estime, l'admiration même de ses contemporains. Il vient de mourir dans la
force de l'âge. Il était tendrement aimé de l'auteur d'*Oscar*, qui du
fond de l'exil et presque de la captivité, a compté parmi ses jours
les plus malheureux celui où il a appris cette perte irréparable.

(5)   Le bouclier reçoit ce trait.

Il peut paraître assez singulier qu'*Oscar*, caché derrière le bouclier qui devait le garantir de l'atteinte du trait, en ait été percé ;
ce passage est, néanmoins, conforme à l'original. Voici le texte :
» Elle part. *Oscar* va se cacher derrière le bouclier ; la flèche de
» la belle vole, et perce le sein de son amant ».

Ossian, Mort d'Oscar.

(6) Pour toi Lég. . . .

Légouvé, un des poëtes tragiques les plus distingués de l'époque de la révolution : son plus grand succès date du tems de
la terreur, pendant laquelle il a écrit sans avoir écrit pour
elle. *Épicharis* et la *Mort d'Abel* sont celles de ses pièces que

le public a reçues avec le plus de faveur. Un style facile et noble, une versification élégante et harmonieuse, caractérisent le talent de cet auteur, qui n'a jamais éprouvé de revers, et, ce qui vaut mieux, n'en a jamais mérité.

Indépendamment de ses ouvrages de théâtre, il a composé plusieurs poëmes pleins de grâce et de sensibilité.

Légouvé était doux, indulgent et du commerce le plus facile. Il est mort en 1811, à quarante-six ans, à la suite d'une longue maladie, qui n'avait pas moins altéré en lui le moral que le physique.

(7) Pour toi M...[1]

Maret, duc de *Bassano*. Sa liaison avec l'auteur d'*Oscar* date de leur première jeunessse ; ni les différences d'opinions, ni les différences de fortune, n'ont pu l'altérer. La plus parfaite conformité est établie aujourd'hui entr'eux sous ces deux rapports : ils sont proscrits.

(8) Pour toi, mon cher M...[1]

Méhul. Voyez la note 4.

(9) J'écris aussi pour toi, mon bon L. N..[1]

Le Noir. Nous n'ajouterons qu'un trait à ce que l'auteur d'*Oscar* en dit : la fortune lui fut moins fidèle que ses amis, et il leur est plus fidèle que la fortune.

(10) Mère d'une famille qui est devenue la mienne.

L'auteur, qui a épousé une demoiselle de *Boneuil*, veut sans doute parler ici de madame *de Latour*, femme non moins recommandable par l'excellence de son cœur, que par la supériorité de son esprit et l'élévation de ses sentimens. Madame *de Latour* recueillit, en 1792, la famille de *Boneuil*, proscrite pour la cause des Bourbons : en 1817, deux de ces dames partagent la proscription de leurs maris : Madame *de Latour* les console dans l'exil.

(11) La vallée d'Émile. . . .

Nom que portait, à l'époque où fut fait cet ouvrage, la belle vallée qui avant et après s'est appelée vallée de Montmorency. Le nom qu'elle a repris ne la dédommage peut-être pas de celui qu'elle a perdu.

(12) Les dogues gémissans , en hurlemens funèbres Appellent-ils leur maître errant dans les ténèbres?

Cette opinion n'est pas particulière aux Calédoniens; elle nous semble même assez fondée sur des affections naturelles, assez justifiée par des faits, pour ne pas être appelée préjugé. Elle se reproduit souvent dans les poëmes *d'Ossian*, où la destinée de ces animaux est constamment liée à celle des héros, comme on en peut juger par les fragmens suivans :

1.

(Je n'entends ni la voix d'*Argon*, ni la voix de *Ruro*.) « Enfin « parut leur chien fidèle, le bondissant et léger *Runaro*; il « entre dans mon palais, il pousse des hurlemens douloureux; « sans cesse il tournait ses regards vers le lieu funeste où ses deux « maîtres étaient gissans : nous le suivîmes; nous les trouvâmes et « nous les ensevelimes auprès de cette fontaine. »

Ossian , *Guerre d'Inistona.*

2.

« Du sein du lac, lentement s'élève une épaisse vapeur; elle « prend la figure d'un vieillard.... *Fingal* fut le seul qui apper-

» cût le spectre terrible ; il prévit aussitôt la mort de ses guer-
» riers.... Les dogues immobiles poussent d'affreux hurlemens. »

id. Carthon, poëme.

3.

« Il arrive à la caverne où reposait le corps de *Fillan*. Près de
» là, sur le gazon, reposait le fidèle *Branno*. Il n'avait point
» trouvé son jeune maître sur la colline de *Mora* ; guidé par le vent,
» il avait suivi ses traces ; il croyait que le jeune chasseur était en-
» dormi : il était couché sur son bouclier. Nulle haleine de vent ne
» soufflait dans la plaine qui ne fût connue de *Branno*. A la vue
» de ce dogue fidèle couché sur les débris du bouclier, la tristesse
» s'empara de l'âme de *Cathmore* ; il réfléchit sur le sort des guer-
» riers : *ils ravagent, et passent comme les torrens* ».

id. Témora, Chant 6.ᵉᵐᵉ

(13) Oscar, toujours Oscar !

Ce mouvement a toujours produit un grand effet. Nous le croi-
rions imité du passage qu'on va lire, si la tragédie d'*Hector*, de
laquelle ce passage est extrait, n'était de douze ans plus nouvelle
que celle d'*Oscar*.

» *Mon père est égorgé, c'est* par la main d'Achille !
» *Au sein de Thèbe en feu, de Thèbe heureux séjour,*
» *Où mes premiers regards ont essayé le jour,*
» *Ma mère, qui regnait sur cette immense ville,*
» *Se voit charger de fers, c'est* par la main d'Achille !
» *Sur les tranquilles bords où paissaient leurs troupeaux,*
» *Mes frères désarmés se livraient au repos ;*
» *Surpris, la résistance, hélas ! fut inutile.*
» *Tous sont massacrés, tous !..... c'est* par la main d'Achille !
» Toujours Achille ! .... »

Hector, Acte V. Scène 1ʳᵉ

(14) En bouillonnant, sens-tu comme il s'y précipite,
Ce sang qui court puiser dans ce cœur allumé
Ces torrens embrasés dont je suis consumé.?

Nous nous rappelons que lors de la nouveauté de l'ouvrage, un journaliste reprocha à l'auteur d'avoir fait un anachronisme dans ces vers, où il voyait un résumé du système d'*Harvey* sur la circulation du sang. Il est vrai que cette découverte, faite sous Jacques I, est tant soit peu postérieure à l'époque où régnait *Fingal ;* mais nous ne croyons pas que l'auteur ait songé à y faire allusion, et que son intention ait été de placer là une démonstration de physiologie.

(15) Oh! si j'eusse veillé, que je serais coupable!
Je dormais! je dormais!

On n'a pas une idée précise du talent de Talma, quand on ne lui a pas entendu réciter ces vers-là.

BLANCHE

ET MONTCASSIN,

OU

LES VÉNITIENS,

TRAGÉDIE

EN CINQ ACTES, EN VERS,

Représentée pour la première fois à Paris,
sur le théâtre de la République, le 25 Vendémiaire an 7,
(16 Octobre 1799)

PRÉFACE

de la première édition.

De quelques institutions politiques de la république de Venise.

Toute sorte de correspondance avec les ambassadeurs et les autres ministres étrangers est défendue aux nobles, sous peine de la vie. *Extrait des Lois du gouvernement de Venise*, par Amelot de la Houssaie. *Loi dix-septième.*

Cette loi, tombée quelque tems en désuétude, avait été dictée par la prévoyance et fut justifiée par l'événement. Remise en vigueur en 1618, lors de la découverte de la conspiration du marquis de *Bedmar*, ambassadeur d'Espagne, qui étendit ses intelligences jusque dans les Conseils, la rigoureuse observation en a été maintenue jusqu'a l'entière destruction de l'aristocratie.

Elle est la base de la tragédie que j'offre au Public. La proposition, la discussion et la promulgation du décret qui la renferme, occupent la majeure partie de mon premier acte. Plusieurs motifs m'ont déterminé à préférer ce mode d'exposition à tout autre. D'abord, il présente, au lever du rideau, le spectacle de l'assemblée imposante et nombreuse des chefs d'une république long-tems illustre; il me fournit, de plus, l'occasion de développer leur morale politique et les principes de leur gouvernement; il contraint enfin, par son appareil méme, l'attention à se fixer sur une institution particulière à Venise, et qui, peut-être, eût échappé au spectateur, si je me fusse contenté d'en parler d'une manière moins solennelle.

Les Inquisiteurs d'État, qui formaient le Conseil des Trois, étaient spécialement chargés de l'application de cette loi. Eux seuls avaient le droit d'absoudre le prévenu, quand, par une précaution aussi prompte que prudente, il était venu se dénoncer lui-même, et parvenait à prouver que le hasard l'avait involontairement rapproché de l'agent d'une puissance étrangère. Dans tout autre cas la perte du délinquant était certaine. L'imprudence de sa démarche échappait difficilement à la vigilance des espions du Conseil. Bientôt enlevé du milieu de la société, il n'y reparaissait plus. Le sort de tout homme arrêté de cette manière n'était pas douteux. Tout le monde l'abandonnait. Ses parens les plus proches ne hasardaient pas même des sollicitations qui ne pouvaient que les compromettre. On fuyait un malade désespéré dont on redoutait de recevoir la contagion. On pleurait dans l'ombre: ou plutôt on attendait pour pleurer que la politique des *Juges bourreaux* eût donné la permission de prendre le deuil.

L'effrayant pouvoir du Conseil des Trois avait pour but le maintien du gouvernement, intérêt auquel tout autre était sacrifié. L'infatigable et secrette activité de ce Conseil, la rigueur de ses jugemens, la promptitude de leur exécution entretenaient dans toutes les âmes une terreur qui ne peut être conçue que par ceux qui ont habité Venise. Le chef de l'État, comme le dernier des citoyens, était soumis à cette autorité redoutable. Les Inquisiteurs entendaient tout, voyaient tout, étaient partout. Maîtres des clefs du palais de St *Marc*, souvent ils faisaient des visites nocturnes, pénétraient dans les plus secrets appartemens du Doge ; et il était, dit un historien, aussi dangereux de les voir que d'en être vu. Saisir le Doge dans son lit, instruire son procès, le condamner et le faire exécuter dans l'espace de quelques heures, n'excédait pas les bornes de leur pouvoir.

C'est avec cette effrayante célérité, qu'en 1362, le Doge *Marino Falieri* (1), entré à l'âge de 82 ans dans une conspiration contre l'État, fut arrêté, jugé et décapité au bas du grand escalier du palais ducal.

Les Inquisiteurs s'assemblaient toutes les fois que le salut public l'exigeait. A quelque heure que ce fût, en quelque lieu qu'ils se trouvassent, leurs opérations étaient légales, dès que les trois juges et le greffier étaient réunis.

Leurs séances se tenaient ordinairement dans une des salles du palais St Marc. Cette salle communiquait aux prisons horriblement connues sous les noms de *pozzi* et de *piombi.*

I pozzi, les puits, sont des cachots construits au niveau de la mer. Là, les détenus, privés de la lumière, pourrissaient dans la fange au milieu de l'air le plus infect. *I piombi, les plombs,* sont des chambres étroites pratiquées immédiatement sous le métal qui recouvre le palais de St Marc. Ces chambres journellement échauffées par un soleil brûlant, étaient autant de fournaises où la plupart des prisonniers perdaient la vie aprés avoir perdu la raison.

Les jugemens de l'Inquisition devaient être rendus à *l'unanimité.* Alors ils s'exécutaient sur le champ. Le condamné était étranglé dans la pièce voisine par un bourreau qui ne le voyait même pas, ou noyé pendant la nuit dans le canal *Orfano* dont les exhalaisons pestilentielles ne révélaient que trop le secret de ces fréquens actes de rigueur.

Quand un Inquisiteur différait d'avis avec les deux autres, la cause était reportée au Conseil des Dix, juge naturel de toute affaire criminelle concernant les nobles; et le procès s'instruisait publiquement dans les formes ordinaires.

Si les bornes que je me suis prescrites me le permettaient, ce serait ici le lieu de parler des différens corps dans lesquels se divisait l'*oligarchie vénitienne*; de la manière dont l'autorité était répartie entre eux; de la méfiance constante avec laquelle les diverses portions du Souverain s'inspectaient réciproquement; de l'esprit enfin qui n'a cessé d'animer ce gouvernement, si remarquable par sa forme, son accroissement, ses moyens, et le but de toutes ses institutions.

Ce but était moins de conserver la liberté que d'empêcher qu'elle ne fût opprimée par un individu. Depuis l'immense réduction de l'autorité ducale et le renversement de la puissance populaire, l'aristocratie élevée sur leurs ruines sacrifia tout à cette politique. Par elle furent créés les Conseillers du Doge qui modifiaient tellement son autorité que sans eux le Doge ne pouvait rien, tandis qu'ils pouvaient tout sans lui; par elle fut institué le Conseil des Dix, commission formée d'abord pour réprimer les complots des nobles, et bientôt prorogée pour les prévenir; par elle enfin fut établi ce Conseil des Trois, où chaque sénateur appelé à exercer temporairement la terrible surveillance sous laquelle il devait bientôt retomber, entretenait une vigueur toujours renaissante dans l'action du gouvernement. Ainsi l'appréhension de la tyrannie d'un seul introduisit un autre despotisme principalement appesanti sur les gouvernans même, mais plus supportable que tout autre pour l'amour-propre qui ne s'offense pas d'un joug également porté par tous, et ne voit dans l'exécution des lois qu'il maintient, quelque tyranniques qu'elles soient, que l'exécution de sa propre volonté.

Tel est le système que j'ai essayé de développer par les différentes discussions répandues dans la tragédie des *Vénitiens*. J'ai cherché à instruire autant qu'à intéresser, à peindre les mœurs autant qu'à exprimer les passions.

C'est à ceux qui connaissent Venise par la lecture ou par les voyages, à témoigner de l'exactitude avec laquelle les convenances locales sont conciliées avec celles de la scène, dans un ouvrage fait en partie à Venise même.

Le fond de mon sujet est tiré d'une anecdote très-connue, et consignée dans un recueil périodique, intitulé *Les Soirées Littéraires*. Les modifications que je lui ai fait éprouver, sont fondées sur l'histoire.

Montcassin, gentilhomme normand, fut en effet un des deux Français qui coururent dénoncer au sénat la fameuse conspiration de *Bedmar*, le jour même qu'elle devait éclater. J'ai substitué *Montcassin* à *Antonio Foscarini* véritable héros de l'aventure tragique liée à cette conspiration. J'ai pensé que sur un théâtre de Paris, le malheur d'un Français inspirerait plus d'intérêt que celui d'un étranger. J'ai cru surtout que la franchise et l'emportement qui nous caractérisent, contrasteraient heureusement avec la dissimulation ultramontaine.

Cette dissimulation ne doit cependant pas exclure les vertus. C'est un habit sous lequel une belle nature peut être souvent déguisée, et se faire aisément reconnaître lorsque, dans le mouvement des passions, l'homme, écartant ses enveloppes factices, paraît réellement ce qu'il est. La dissimulation peut appartenir autant à l'habitude contractée par l'éducation et le commerce des hommes, qu'à l'intérêt réfléchi de donner le change à autrui sur les secrets mouvemens de son cœur. *Contarini* dissimule; *Capello* dissimule: mais un intérêt odieux vient renforcer dans le premier le caractère national qui, dans le second, se trouve allié à une grande générosité.

Cela suffit pour prouver que je ne me suis pas exposé au reproche de déprimer l'humanité entière pour exalter ma nation; ridicule qui m'a toujours fait pitié dans ces exagérateurs, vrais *catholiques* en patriotisme, qui n'ont pas honte de professer que, *hors de leur église, il n'est pas de salut.*

Les critiques ont relevé plusieurs fautes, à la représentation de cet ouvrage. La lecture en fera ressortir un plus grand nombre sans doute; mais peut-être remarquera-t-on aussi que quelques-unes de ces fautes amènent des situations intéressantes, et sont rachetées par quelques beautés: c'est pour celles-là seulement que je demande de l'indulgence.

AVERTISSEMENT.

CETTE pièce a dû la naissance à une circonstance assez singulière. Toujours occupé des lettres, au milieu
des révolutions qui renaissaient les unes des autres avec
une effroyable rapidité, l'auteur, après avoir livré *Os-*
car au théâtre, songeait à faire succéder à cette tragédie
une pièce du même genre, mais de mœurs différentes.
Cherchant dans sa tête ce qu'il ne trouvait pas dans
l'histoire, il avait commencé un ouvrage tout entier
d'imagination, et poursuivait avec activité ce travail
dans la vallée qu'il affectionnait, la vallée de Montmorency ; son plan était arrêté ; son premier acte même était
fait en grande partie, lorsque je ne sais quelles affaires
r'appellèrent à Paris.

L'abbé *Coupé*, homme recommandable par l'étendue
de son érudition, publiait alors, sous le titre de *Soirées*
littéraires, l'utile collection que malheureusement il n'a
pas achevée. La littérature latine de toutes les époques
était surtout mise à contribution par ce compilateur ;
mais pour jetter de la variété dans son recueil, il mê-
lait à ses traductions des articles de littérature moderne, des analysés ou des extraits d'ouvrages nouveaux,
et quelquefois aussi des anecdotes : la tragique aventure
qui sert de base à la tragédie des *Vénitiens*, avait été
racontée dans sa dernière livraison.

M^r. *Arnault* arrive chez un de ses amis, homme su-
périeur sous plus d'un rapport, que cette anecdote avait
vivement affecté. Que je suis fâché, lui dit celui-ci, de
ne t'avoir pas vû quelques heures plus tôt ! — Eh ! pourquoi ? — J'avais un excellent sujet de tragédie à te
donner. — Quel est ce sujet ? — Un trait d'histoire :
je l'ai trouvé dans les *Soirées littéraires*. — Prête-moi

le volume. — Il n'est plus chez moi. — Ne peux-tu pas te rappeler ce trait et me le raconter ? — Rien de plus facile : et il le raconte.

C'est en effet un sujet superbe que celui-là, dit l'auditeur ; une action intéressante, une catastrophe terrible, des mœurs civiles et politiques toutes particulières : c'est un sujet admirable ; je m'en empare. Il n'est plus tems, dit le narrateur : j'ai raconté hier ce trait dans une société où se trouvaient *Légouvé* et *Luce de Lancival.* — Et *Luce* songe à le mettre au théâtre ? — Non : il croit le sujet *intraitable ;* mais *Légouvé* ne pense pas tout-à-fait de même ; et je ne voudrais pas, faute de circonspection, vous avoir mis en concurrence. — *Légouvé* ne traitera pas ce sujet ; il n'est ni dans la nature de son esprit, ni dans le genre de ses moyens : au premier aspect, il n'a vu que les ressources ; à la réflexion il ne verra que les difficultés. Ce n'est, au reste, que sur son désistement que je me mettrai à l'ouvrage ; je l'obtiendrai sans le solliciter. Je cours chez lui ; chemin faisant je travaillerai à mon plan. Adieu.

Ce que M^r. *Arnault* avait prévu arriva. Refroidi par la réflexion, *Légouvé* avait aussi trouvé le sujet *intraitable*

Il l'était en effet pour l'auteur qui eût voulu le traiter comme un sujet de l'histoire grecque ou romaine, comme un sujet tiré de l'antiquité. Les formes, le ton, le style convenables à ces sujets, ne sauraient s'appliquer à des sujets modernes, sans produire les plus étranges disparates. Cet inconvénient avait probablement frappé *Légouvé*, qui à un beau talent joignait un goût excellent, mais un peu timide, et qui n'avait pas examiné la question sous ses véritables rapports.

Penser qu'il n'y ait qu'un ton, qu'un style convenables à la tragédie, c'est faire de l'accessoire le principal. N'est-ce donc pas la nature du sujet qui constitue la tragédie ? qu'est-elle par elle-même, sinon une action dont le but est d'exciter la terreur et la pitié ? Or, des sujets de nature à produire ce double effet peuvent également se trouver chez les modernes et chez les anciens. Il en résulte que si les bases de la tragédie sont invariables, ses formes ne le sont pas et qu'elles doivent être modifiées par les mœurs de l'époque à laquelle appartient le sujet. Toutes les scènes d'une tragédie doivent être nobles comme les idées, comme les sentimens, comme le style, parceque la noblesse tient aussi à l'essence du genre : mais cette noblesse n'exclut ni les intérêts privés, ni les mœurs simples, ni le dialogue naturel ; et soit dit en passant, si elle n'interdit pas l'accès du théâtre aux nobles avilis, elle le permet aux personnages qui se montrent nobles dans des conditions inférieures.

Le sujet des *Vénitiens* est donc véritablement tragique ; mais il devait être traité d'après les principes que l'on vient d'exposer ; mais il devait être écrit d'une autre manière que les *Horaces* ou *La Mort de Pompée*. *Notandi sunt tibi mores ;* OBSERVEZ LES MOEURS, a dit l'auteur de l'épitre aux Pisons ; précepte qui s'applique au style comme à toutes les parties de l'art dramatique.

Qui l'a plus observé, ce précepte, que le plus parfait de nos tragiques ? Comparez ses divers ouvrages, et vous verrez comme le style y est différencié, non seulement suivant la nation, mais aussi suivant l'époque à laquelle le sujet se rattache. Ainsi les tragédies d'*Athalie*, de *Mithridate* et de *Phèdre*, indépendamment de la dissemblance que ces considérations établissent entre elles, sont revêtues d'une certaine pompe qui paraît inhérente à l'antiquité ; tandis que la tragédie de *Bajazet*, sujet moderne et dont l'action était contemporaine de *Racine* écrite avec autant d'élégance, l'est avec beaucoup plus de simplicité.

C'est à ces réflexions qu'il faut attribuer la confiance avec laquelle M.ʳ *Arnault* s'est saisi du sujet auquel deux de ses rivaux n'avaient pas osé toucher. Peut-être les amateurs du théâtre doivent-ils lui en savoir quelque gré. Les gens de goût ne peuvent qu'applaudir aux efforts d'un auteur, qui tout en leur préparant un plaisir digne d'eux, cherche à le leur procurer par de nouveaux moyens. *Voltaire* s'y est étudié toute sa vie, et c'est à ce désir que l'on est redevable de la grande variété qui régne dans son théâtre : il n'est probablement pas laissé échapper l'occasion de mettre en scène les mœurs vénitiennes, si elle se fût présentée à lui. Composé de galanterie et de dévotion, ces mœurs, toutes passionnées, sont vraiment dramatiques ; et combien ne le deviennent-elles pas davantage, quand elles se développent à l'aide d'une action fondée sur les institutions politiques de la plus oppressive et de la plus opprimée des oligarchies !

La constitution vénitienne avait la défiance pour base et la cruauté pour garantie. Dans un passage d'*Othello*, *Ducis* peint, avec une rare énergie, ces sombres mystères de la politique. Ce qu'il indique, M.ʳ *Arnault* l'a développé ; ce qu'il esquisse, M.ʳ *Arnault* l'a mis en action. Une partie de la tragédie des *Vénitiens* a été composée à Venise même : aussi cette peinture de mœurs a-t-elle au moins le mérite de la vérité.

Cette pièce a obtenu un grand succès. Le cinquième acte est de l'effet le plus terrible ; à l'impression qu'il produisit, il semblait que le spectateur assistait moins à l'imitation d'un fait, qu'au fait lui-même.

A BUONAPARTE (2),

MEMBRE DE L'INSTITUT.

Voici le nouvel enfant de mon cœur. Il prétend moins à étonner qu'à attendrir, à séduire par de nouvelles idées qu'à toucher par l'expression ingénue de sentimens qui seront de tous les tems. Intéresser un moment est toute son ambition. Ami des arts, c'est à vous que je l'offre.

Membre de la première société savante et littéraire de l'Europe (3), n'en faites-vous pas votre plus beau titre? Pendant le court intervalle qui sépara les victoires de l'Italie de la conquête de l'Égypte, sans cesse entouré d'artistes et de savans, ne vous plaisiez-vous pas à vous enrichir de leurs lumières, en les éclairant de vos réflexions,

2.

à jouir de la confidence de leurs travaux, perfectionnés souvent par vos observations judicieuses et profondes ?

Rappelez-vous ces doux momens.

Tantôt le vénérable auteur de **Paul** et **Virginie** (4) remplissait une de vos utiles soirées, par l'éloquente peinture des derniers momens de **Socrate**; tantôt l'auteur d'**Agamemnon** (5) nous éblouissait des nouvelles richesses qu'il a conquises sur cette **Memphis** que vous avez subjuguée depuis; tantôt le chantre d'**Abel** (6) nous faisait applaudir à ces vers immortels où sont peints les avantages du souvenir et les charmes de la mélancolie; tandisque l'énergique et bon **Ducis** (7) encourageait les efforts des jeunes rivaux, avec cette chaleur et cette franchise qui caractérisent sa jeunesse sexagénaire.

Il me fallut descendre aussi dans l'arène. J'y parus avec cette **Blanche** que j'avais rapportée d'Italie. Jamais l'appareil d'une première représentation ne m'imposa davantage que l'aspect de l'assemblée qui devait prononcer sur la sœur d'Oscar. Blanche séduisit ses juges ; ses larmes firent couler les leurs. Vous pleurâtes vous-même....

Cependant une catastrophe terrible ne terminait pas alors le cinquième acte. Mon héroïne, au désespoir, offrait à Capello, pour prix du salut de son amant, une main que ce héros avait le courage de refuser en sauvant son rival. « Je regrette mes larmes, me dites-vous. » Ma douleur n'est qu'une » émotion passagère, dont j'ai presque per- » du le souvenir à l'aspect du bonheur des » deux amans. Si leur malheur eût été irré- » parable, la profonde émotion qu'il eût » excitée m'aurait poursuivi jusque dans » mon lit. Il faut que le héros meure. »

Je le sentais aussi : mais comment rendre cette mort dramatique, si je ne conservais à Capello la générosité de son caractère ? Maître de sa passion, mais esclave de sa probité, il fallait que son devoir lui fît une nécessité de la rigueur. Depuis longtems j'en cherchais vainement le moyen ; votre génie échauffa le mien : un conseil de Buonaparte *devait produire une victoire* (8).

. C'est avec ce seul changement que mon ouvrage a été offert au Public, qui l'a honoré d'un accueil semblable à celui qu'il a reçu de vous.

. Je vous l'adresse. Puisse-t-il vous parvenir parmi ces peuples que vous avez soumis, ou vous atteindre au milieu de ces déserts que vous traversez sur l'aîle de la victoire ! Puisse-t-il rendre un instant le cœur du héros aux jouissances paisibles de l'homme privé, aux sentimens des arts et de l'amitié ! C'est une source d'eau fraîche que vous aurez rencontrée au milieu des sables ardens ! Ne dédaignez pas de vous y désaltérer : ce n'est pas perdre son tems que se délasser. Vous n'en poursuivrez pas moins cette route que votre génie pouvait seul se frayer, et que vos seules forces peuvent parcourir.

Quels que soient vos projets, soit que vous menaciez, en Asie, les établissemens qui font la source de l'opulence britannique, soit que l'inconcevable politique des nouveaux alliés de la Russie vous rappelle en Europe, sous les murs de leur capitale; tout vous réussira. Vous savez concevoir et vouloir. Il n'existe pour vous d'autres obstacles que ceux que ne pourraient surmonter les forces humaines que vous avez étendues.

Adieu, je vous aime comme je vous admire.

ARNAULT.

Paris, ce 14 Brumaire an 7.

COSTUMES A OBSERVER.

Le costume du Doge est une tunique de velours rouge, par-dessus laquelle il porte un ample manteau d'étoffe d'or à manches très-larges et orné d'un ample collet d'hermine; sa coiffure est un bonnet de forme particulière, connu sous le nom de corne ducale.

Les Inquisiteurs portent simplement une robe noire à larges manches, sur une tunique violette tombant à-peu-près à mi-jambes. Ils sont décorés de l'étole d'or, large bande d'étoffe d'or fixée sur l'épaule gauche par un bouton, et qui pend librement devant et derrière.

Le seul Capello quitte, au second acte, ce costume pour l'habit civil, et ne le reprend qu'au cinquième. Les lois somptuaires ne contraignaient les nobles à porter les habits et les marques de leurs fonctions que lorsqu'ils étaient en public.

Montcassin porte simplement l'habit civil du commencement du dix-septième siècle. Cet habit doit être plus élégant que somptueux. Montcassin n'est pas armé. Les lois ne le permettaient pas.

On a donné au prêtre le costume que les évêques portaient à l'époque où se passe l'action.

Les Sages-grands: robes noires à larges manches, sur des tuniques violettes; quelques-uns peuvent porter l'étole d'or, les autres porteront l'étole violette.

Le Grand-Chancelier: robe rouge fourrée d'hermine, ainsi que les trois avogadors; lui seul portera l'étole d'or.

Les nobles vénitiens: partie en noir et violet; partie en noir.

Les agens subalternes, tels que les greffiers, huissiers et secrétaires, portent la robe noire à manches étroites, par-dessus la tunique noire.

Tous les magistrats, à l'exception du Doge, ont pour coiffure une toque noire.

Les principaux magistrats doivent être placés sur une estrade près du Doge, dont le trône est élevé sous un dais.

Le reste du conseil est indifféremment réparti sur des gradins.

Le Chancelier doit avoir une place distinguée et un bureau particulier.

Les secrétaires sont auprès du Doge; les huissiers se tiennent debout.

PERSONNAGES.

ANTONIO PRIULI, doge de Venise.

CONTARINI,
CAPELLO,
LORÉDAN, } Inquisiteurs d'État et membres du Conseil des Dix.

MONTCASSIN, gentilhomme français.

PISANI, greffier du Conseil des Trois.

DONATO, chef des huissiers du conseil.

UN PRÊTRE.

BLANCHE.

CONSTANCE.

SIX SAGES-GRANDS,
LE CONSEIL DES DIX,
SIX CONSEILLERS DU DOGE,
LES TROIS AVOGADORS,
LE GRAND-CHANCELIER,
PLUSIEURS SECRÉTAIRES,
NOBLES VÉNITIENS, } Formant le Grand-Conseil.

HUISSIERS.

QUATRE TÉMOINS.

DOMESTIQUES DE CONTARINI.

La scène est à Venise.

BLANCHE

ET MONTCASSIN,

OU

LES VÉNITIENS,

TRAGÉDIE.

ACTE PREMIER.

*Le théâtre représente la salle du Grand-Conseil,
dans le palais de Saint-Marc.*

SCÈNE PREMIÈRE.

PRIULI, CONTARINI, CAPELLO, LORÉDAN,
NOBLES VÉNITIENS; MONTCASSIN *(debout au milieu du sénat).*

PRIULI.

GÉNÉREUX étranger, vengeur de cet État,
Jouissez des transports du peuple et du Sénat.
En proie à la fureur d'une infàme entreprise,
Sans vous nous périssions: sans vous cette Venise,

Souveraine des mers dont on la voit sortir,
Un jour plus tard, une heure.... allait s'anéantir!
La liberté croulait; et cette république
Qui par sa force, autant que par sa politique,
Sut, malgré tant de rois, maintenir sa splendeur,
Succombait sous l'effort d'un simple ambassadeur.
Oui, du Conseil des Dix si l'active prudence
Du ministre espagnol renversa l'espérance;
Si d'un vaste complot brisant tous les ressorts,
Comme au-dedans Venise est vengée au-dehors;
Le salut de l'État fut deux fois votre ouvrage.
De la sécurité dissipant le nuage,
Vous fîtes mesurer à nos yeux effrayés
La profondeur du gouffre entr'ouvert sous nos pieds.
C'est votre bras, sur-tout, qui, dans Bresse alarmée, (9)
Des brigands ralliés exterminant l'armée,
Par ce dernier effort acheva d'étouffer
Un parti renaissant et prêt à triompher.
Le sénat a longtemps cherché dans sa justice,
Un prix qui fût égal à ce double service.
Ce prix, brave Français, il croit l'avoir trouvé
Dans l'éclatant honneur qui vous est réservé.
Inscrit au livre d'or, que votre nom se lise (10)
Parmi ceux des héros fondateurs de Venise.
Par ce grand privilège à vos vertus offert
Du Conseil désormais l'accès vous est ouvert.

Qu'à le justifier votre zèle s'applique :
Au sénat comme aux camps servez la république.

MONTCASSIN.

Je l'obtiens donc ce rang que j'osai désirer !
Au bonheur désormais je puis donc aspirer !
Doge, ah ! de la faveur dont le sénat m'honore,
Si plus que mon orgueil mon cœur jouit encore,
C'est que mes sentimens, bien plus que mes exploits,
Peut-être à tant d'honneur m'ont donné quelques droits.
Né pour l'indépendance, aux rives de la Seine,
Sujet d'un roi, mon âme était républicaine.
Aux bienfaits mendiés, aux serviles grandeurs,
Préférant de Venise et les lois et les mœurs,
En voyageur d'abord j'ai voulu les connaître.
Bientôt de m'éloigner je n'ai plus été maître ;
Retenu sur ces bords, et pourquoi le cacher !
Par le plus doux lien qui m'y puisse attacher,
Lorsque des étrangers j'ai vaincu la furie,
Quoiqu'étranger pour vous, j'ai servi ma patrie.

(Il s'assied.)

CONTARINI.

Celui qui l'a deux fois arrachée au danger
Pour Venise jamais ne fut un étranger ;
Et dans le rang illustre où notre voix l'appelle
Des sénateurs, sans doute, il sera le modèle.

Mais envers un héros, si, pour mieux s'acquitter,
Le sénat, de nos lois croit pouvoir s'écarter,
Ne peut-il, pour dompter les brigues renaissantes,
Ajouter à ces lois, sans doute insuffisantes ?
Du complot de Bedmar, qu'enfin la profondeur (11)
Vous apprenne à juger de tout ambassadeur :
Tandis que ce ministre à force d'artifices,
Malgré la multitude et le rang des complices,
Aux yeux les plus perçans dérobait son projet ;
Les conseils de l'État avaient-ils un secret
Dont ce fourbe aussitôt n'obtînt la connaissance ?
Soit que de nos discours surprenant l'imprudence,
Consommé politique, avec habileté
Il sût dans un seul mot saisir la vérité ;
Soit qu'à ce corrupteur, malgré les lois sévères,
De l'État, un perfide ait vendu les mystères.
De là, tous les malheurs qui vous ont alarmés ;
Vos projets traversés aussitôt que formés ;
L'audace des brigands que l'Espagne encourage ;
Le mépris de l'Europe, et bientôt l'esclavage.
Ah ! si l'État permet qu'on vienne impunément
Épier le secret de son gouvernement,
Aux espions titrés qu'il fasse au moins connaître (12)
Qu'en vain dans le sénat ils chercheraient un traître.
Frappant du même coup, par un sage décret,
Et sur l'homme cupide, et sur l'homme indiscret ;

Dévouons, sans égard, à la mort la plus sûre,
Tout sénateur, tout noble imprudent et parjure,
Qui communiquerait, au mépris de la loi,
Avec l'ambassadeur ou d'un peuple ou d'un roi.

CAPELLO.

Noble Contarini, je n'ai pas vu sans crainte
Le secret de l'État sortir de cette enceinte :
Mais je ne pense pas que pour l'y renfermer,
De la loi proposée il faille encor s'armer.
Ce serait donc en vain que notre politique,
Fondant sur le soupçon la sûreté publique,
Des derniers citoyens aux premiers sénateurs
Étendit le pouvoir des trois Inquisiteurs?
Que présent en tous lieux, en tous lieux invisible,
Ce Conseil vigilant, tutélaire, inflexible,
Dans l'intérêt présent, cherchant ses seules lois,
Accuse, instruit, prononce, et punit à la fois?
Dira-t-on qu'aujourd'hui Bedmar, par sa prudence,
A de ce tribunal prouvé l'insuffisance?
Mais si ce tribunal fut une fois trompé,
A quelle loi, Seigneur, n'a-t-on pas échappé?
Eh! par une rigueur, que rien ne doit restreindre,
Est-ce le criminel que vous allez atteindre?
C'est l'innocent, à qui vous faites tôt ou tard
Un crime de l'erreur et même du hasard.

Et si nous l'adoptons cette loi trop funeste,
Quelle est la liberté qui désormais nous reste?
Esclaves du pouvoir, il est tems de borner
Le prix que nous mettons au droit de gouverner!
Il est tems d'empêcher qu'une fausse prudence,
Nous accablant du poids de notre indépendance,
Ne nous en fasse un joug plus rude à supporter
Que le joug qu'un tyran pourrait nous apporter.

LORÉDAN.

Non, la loi proposée, en son objet restreinte,
A notre liberté ne porte aucune atteinte.
Mais sa sévérité, Sénat, peut prévenir
Un forfait moins facile à prouver qu'à punir.
A quel signe, en effet, pouvez-vous reconnaître
Quel est ou l'indiscret, ou le faible, ou le traître,
Parmi tant d'imprudens, exposés au danger
Qui toujours environne un ministre étranger?
La loi nouvelle au moins, en étendant le crime,
Au premier pas l'atteint, ou plutôt le réprime.
Et quand, pour l'éluder, un traître aurait recours
Aux plus discrets agens, aux plus obscurs détours,
C'est l'avoir su contraindre à donner des indices,
Que savoir le contraindre à chercher des complices,
Que savoir l'arracher à cette intimité,
Seul garant jusqu'ici de son impunité!

On dit qu'à l'innocent la rigueur peut s'étendre!
Et dès qu'aux citoyens la loi s'est fait entendre,
Quiconque a méconnu son souverain accent,
Peut-il devant la loi se prétendre innocent?
Mais aveugle et cruelle, en frappant la victime,
La loi, dans une erreur, peut condamner un crime!
J'en gémis: mais faut-il, cruellement humain,
Pour fuir un mal douteux, souffrir un mal certain?
Méprisant les leçons et d'Athène et de Rome,
Faut-il perdre l'État pour sauver un seul homme?

MONTCASSIN. *(avec chaleur.)*

Eh! qu'a donc cette loi qui vous doive effrayer?
Vous qui la combattez, pouvez-vous oublier
Quel crime méditait un ministre perfide,
Quels moyens préparaient son succès homicide?
Voyez de toutes parts, ouverte à l'étranger,
En théâtre d'horreurs Venise se changer,
Malgré la paix, en proie aux fureurs sacrilèges,
D'un vainqueur irrité révoltans priviléges;
Voyez, à la lueur de son toît embrasé,
Le citoyen paisible en son lit écrasé;
Avec les assassins, voyez au sein des flammes,
L'opprobre atteindre encor vos filles et vos femmes;
Les temples profanés et les cachots ouverts;
Des juges égorgés les tribunaux couverts;

Et près de son aïeul, qu'en vain respecta l'âge,
L'enfant seul au berceau gardé pour l'esclavage !
Voilà les vrais malheurs qu'il vous faut prévenir ;
Qu'il vous faut réprimer jusque dans l'avenir.
En vain m'allègue-t-on qu'en sa rigueur extrême,
Le sénat imprudent n'accable que lui-même :
Eh ! n'est-ce pas sur-tout aux ministres des lois
Qu'il sied d'apprendre au peuple à supporter leur poids,
A tout sacrifier à l'intérêt unique
Qui pour tout homme libre est dans la République?

CAPELLO.

Sénateurs, il est vrai, cet intérêt pressant
Veut qu'on immole tout.... tout, hormis l'innocent.
Et malheur au pouvoir qui croit par l'injustice
De sa grandeur sanglante assurer l'édifice !
Il croulera bientôt avec son faible appui ;
Et le sang innocent retombera sur lui.
Contre un hasard injuste, en l'équité du juge,
Aux prévenus du moins accordons un refuge.
Que le Conseil des Trois, toujours autorisé
A décider du sort de tout noble accusé,
Suppléant à vos lois, puisse en cette occurrence,
De la réalité distinguer l'apparence ;
Et contre la rigueur, tout-puissant une fois,
Opposer sa prudence aux erreurs de ces lois :

Repoussant à ce prix la terreur qu'il m'inspire,
Au décret proposé je consens à souscrire.

(Une grande partie du conseil se lève.)

FRIULI.

Du sénat presqu'entier vous exprimez l'avis.

(au chef des huissiers.)

Vous, à qui cet emploi de tous tems fut commis,
Des ordres du conseil discret dépositaire,
Promulguez ce décret terrible et salutaire :

(Il se lève.)

Publiez que tout homme admis dans le sénat,
Rebelle à cette loi, devient traître à l'État ;
Et soumis, comme traître, au tribunal suprême,
Dont le pouvoir s'étend sur le Doge lui-même.

(Au sénat.)

Mais de tous ses devoirs on n'est pas acquitté,
Si l'on n'a satisfait à la Divinité.
Au temple de Saint-Marc, orné d'un faste auguste (13),
Courons donc rendre grâce au Dieu bon, au Dieu juste,
Qui de la république a deux fois écarté
La ruine des lois et de la liberté.

(A Montcassin.)

Et toi, jeune étranger, viens jouir de ta gloire ;
Viens retrouver encor le prix de ta victoire

Dans ces cris enivrans qu'un peuple admirateur
Élève en son transport vers un libérateur.

MONTCASSIN.

Oui, des plus grands travaux ces cris sont le salaire.
(A part sur le devant de la scène.)
Mais, Blanche, si jamais ils ont droit de nous plaire,
C'est quand de toutes parts, noblement proclamé,
Notre nom retentit jusqu'à l'objet aimé.
(Il sort avec le Doge; le reste du sénat suit.)

SCÈNE II.

CONTARINI, CAPELLO.

CAPELLO.

Souffrez, Contarini, qu'avec vous je m'explique.

CONTARINI.

A m'outrager toujours votre haine s'applique.

CAPELLO.

Dans l'important débat qui vient de s'engager,
Vous combattre, Seigneur, est-ce vous outrager?

CONTARINI.

Puisque vous m'y forcez, j'avoûrai ma surprise;
Elle est grande, elle est juste; et je crois que Venise

Ne soupçonnera pas que l'avis adopté,
Par un Inquisiteur ait été présenté.

CAPELLO.

Ministres de rigueur, et non pas d'injustice,
Tous deux nous remplissons un douloureux office ;
J'aime à m'en consoler, quand l'austère équité
Me permet l'indulgence envers l'humanité.

CONTARINI.

Indulgence ! ah ! plutôt faiblesse utile au crime,
Qui nous traîna deux fois sur les bords de l'abîme :
Faiblesse inexcusable !

CAPELLO.

       Ah ! moins qu'un tel discours,
Sévère Inquisiteur ! ainsi, presque toujours,
La vertu qui nous manque est celle qui nous blesse.
Ainsi, quand l'indulgence à vos yeux est faiblesse,
Je pourrais à mon tour, par l'exemple irrité,
Ne voir dans la rigueur qu'insensibilité.
J'en suis loin toutefois : indulgens ou sévères,
Je crois à la vertu dans tous les caractères,
Quand malgré sa mollesse, ou malgré sa roideur,
On sait à ses devoirs asservir son humeur ;
Quand on sait respecter la volonté suprême,
Dans l'avis adopté contre notre avis même.

CONTARINI.

Mon devoir, quoiqu'ici vous puissiez observer,
Sans doute est d'obéir, mais non pas d'approuver.
Pour forcer mon suffrage, il faudrait me convaincre ;
Et des préventions que je ne saurais vaincre
Me disent que par nous l'État est compromis.
Oui, comme nos aïeux, l'un de l'autre ennemis,
La haine, et non l'effroi d'une loi nécessaire,
Vous rend de mon avis l'imprudent adversaire.

CAPELLO.

Vous me connaissez mal ; une fois au sénat,
L'homme privé toujours fit place au magistrat ;
Et de nos deux maisons la haine héréditaire
Jamais au bien public ne m'y rendit contraire.
Je dirai plus encor, de cette inimitié
C'est en vain que mon cœur se serait méfié :
Je ne la connais point ; et trop souvent, peut-être,
Si vos emportemens ne m'avaient fait connaître,
Sénateur, dans quel rang vous m'avez toujours mis,
Je ne me saurais pas entre vos ennemis.

CONTARINI.

Avec indifférence, en vos mains étrangères,
Puis-je donc voir mes biens envahis par vos pères ?

Puis-je en effet penser que, sur vos droits trompé,
Vous vous croyez acquis ce qu'ils ont usurpé?
En vain nos sénateurs, par des lois solennelles,
Ont cru de nos aïeux terminer les querelles;
Ils n'ont pas étouffé ces longs ressentimens,
Qui d'âge en âge iront diviser leurs enfans.

CAPELLO.

A ce dernier malheur n'est-il point de remède?
Légitime héritier des biens que je possède,
Je n'y puis renoncer sans blesser à la fois
Et le respect du sang, et le respect des lois.
Mais sont-ils sans retour hors de votre famille?

CONTARINI.

Comment?

CAPELLO.

Contarini, vous n'avez qu'une fille.

CONTARINI.

Pour elle et non pour moi j'ai regretté ces biens.

CAPELLO,

Ne peut-on réunir et ses droits et les miens?

CONTARINI.

Que me proposez-vous?

CAPELLO.

Tout ce que je désire.

CONTARINI.

Quoi! vous aimeriez Blanche?

CAPELLO.

Ah! vingt fois pour le dire
Ma bouche s'est ouverte, et vingt fois différé,
Cet aveu plus pénible en mon cœur est rentré.
Ce n'est pas qu'un instant je me sois cru possible
De vaincre un sentiment, qui toujours invincible,
Des forces qu'il épuise accroissant son pouvoir,
S'irrite par l'obstacle et par le désespoir:
Mais enfin, votre aspect pour moi toujours sévère,
L'âpreté de mes mœurs et de mon ministère,
Que sais-je? l'embarras de ce cœur indigné,
De fléchir sous un joug qu'il avait dédaigné,
Tout m'arrêtait.... Seigneur, c'est à vous de m'apprendre
A quel sort désormais Capello doit prétendre;
Approuvez-vous ses vœux, ou ses vœux superflus,
Ne sont-ils à vos yeux qu'un outrage de plus?

CONTARINI.

Croyez-moi, Capello, loin qu'il soit un outrage,
A la reconnaissance un tel aveu m'engage;

Au repentir peut-être: et mon cœur éclairé
Sur les préventions qui l'ont trop égaré,
Impatient déjà que le sang nous unisse,
Répare avec transport son aveugle injustice.
Contarini jaloux, mais non pas envieux,
Sur vos exploits d'ailleurs peut-il fermer les yeux?
Non: je connais, j'admire avec l'Europe entière,
Cette âme tour-à-tour politique et guerrière,
Qui toujours vigilante en ces murs, sur les flots,
De tous nos ennemis réprimant les complots,
Du lion plus terrible étendit la puissance
De la mer de Venise à la mer de Bysance.
Aimez, aimez ma fille; et qu'à jamais garant
Du mutuel oubli d'un trop long différent,
L'hymen qui réunit ma famille et la vôtre,
De son commun éclat illustre l'une et l'autre.

CAPELLO.

Mais si le cœur de Blanche....

CONTARINI.

           Ah! si jusqu'à ce jour,
Ce cœur fut étranger aux transports de l'amour,
C'est qu'il n'a point connu celui qui vous anime.
Blanche aimera sans peine un héros qu'elle estime.

Tandis qu'aux sénateurs vous allez vous unir,
De mes nouveaux projets je cours la prévenir.
Allez, ne doutez pas de son obéissance.

CAPELLO.

Ajoutez, s'il se peut, à ma reconnaissance,
En scellant au plutôt cette heureuse union.

(Il sort.)

SCÈNE III.

CONTARINI. (seul.)

Tu peux t'en rapporter à mon ambition,
Unique et noble objet d'un si grand sacrifice:
Elle nous séparait; qu'elle nous réunisse.
Tes aïeux, ton crédit, tes dignités, tes biens,
Tes nombreux partisans dont j'accroîtrai les miens,
La splendeur de ta gloire acquise à ma famille,
Voilà qui te répond de la main de ma fille.

Fin du premier Acte.

ACTE II.

Le théâtre représente un appartement du palais de Contarini.

SCÈNE PREMIÈRE:

BLANCHE, CONSTANCE.

CONSTANCE.

Blanche, entends-tu ces cris? ces cris qui jusqu'aux cieux
Portent de Montcassin le nom victorieux ?
De son triomphe encor mon âme est toute émue.
Jamais rien de plus beau n'avait frappé ma vue.
Quel spectacle, en effet ! Nos palais et nos mers
D'un peuple admirateur et chargés et couverts;
Les prêtres, le sénat, le Doge, la noblesse,
Conduisant au milieu de la publique ivresse
Ce Français revêtu des marques de son rang,
Publiant que les droits que leur transmit le sang
Des vertus une fois seront le privilége:
Jamais triomphateur eut-il pareil cortége?

Et par plus de prudence et d'intrépidité,
Jamais triomphateur l'avait-il mérité?

BLANCHE.

Eh bien ! crois-tu qu'il m'aime?

CONSTANCE.

Et comment ne pas croire,
Ma fille, à tant d'amour, prouvé par tant de gloire?
D'abord, je l'avoûrai, je n'ai pu, sans trembler,
De ton cœur ingénu voir la paix se troubler.
Ma tendresse est craintive encor plus que sévère:
Par mes soins, par mon lait, enfin je suis ta mère. (14)
Mais le même intérêt qui devait redouter
Qu'un obscur étranger ne se fît écouter,
Au faîte des honneurs me force à reconnaître
Dans l'amant préféré celui qui devait l'être.
Ce jour te justifie.

BLANCHE.

Oui, je sens à la fois
Et l'orgueil et l'amour justifier mon choix.
Ivre des sentimens que ce Français m'inspire,
Oui, je sens que je l'aime autant que je l'admire;
Oui, je sens que je l'aime autant qu'on peut aimer!
Et ce transport, qu'en vain je voudrais réprimer,
Et l'entier abandon de ma douce existence,
N'est en moi que justice et que reconnaissance.

L'excès de mon amour peut lui seul m'acquitter

De tout ce qu'un héros fit pour le mériter.

Hélas! depuis longtems j'étais moi-même atteinte

Du langoureux ennui dont il portait l'empreinte;

Lorsque dans le dernier de nos doux entretiens,

Dans ses propres tourmens il me peignit les miens;

Et m'expliquant mon cœur qui s'ignorait lui-même,

M'apprit que je l'aimais en m'apprenant qu'il m'aime.

Quel trouble involontaire est venu me saisir!

Dévorant à la fois ma peine et mon plaisir,

Muette, je voulais déguiser mes alarmes.

Mais quoi! mes yeux baissés ne cachaient pas mes larmes:

Sur mon visage en feu je les sentais rouler ;

Sur ses tremblantes mains il les sentit couler :

Sur ses tremblantes mains dont il pressait les miennes,

Mes larmes en torrent couraient chercher les siennes.

Involontaire aveu que son cœur entendit,

Auquel par des sermens son amour répondit :

Sermens qui s'exhalaient de ce cœur tout de flamme,

Tels qu'ils étaient écrits dans le fond de mon âme;

Sermens tout-à-la-fois proférés par nous deux.

« Non, non, s'écria-t-il, mon sort n'a rien d'affreux!

» Ah! quand nous nous aimons, qu'importe l'intervalle,

» Qu'avait mis entre nous la fortune inégale!

» Qu'importe chez vos grands l'orgueil vénitien,

« Pour qui sans les honneurs les vertus ne sont rien!

» Ne peut-on triompher de ces faibles obstacles?
» L'amour, de tous les tems fut fertile en miracles.
» L'amour que la fierté vient encore irriter,
» Sûr de vous obtenir, l'est de vous mériter ».
Tu sais si le succès passa son espérance.
Mon pays fut deux fois sauvé par sa vaillance ;
Ou plutôt, et j'en ai quelqu'orgueil à mon tour,
Mon pays fut deux fois sauvé par notre amour.
Ah ! tout à cet amour promet un sort prospère !
Mon bonheur est certain, et l'orgueil de mon père,
Dont l'éclat par le mien doit encor s'aggrandir,
Au choix qu'il ignorait ne pourra qu'applaudir.

CONSTANCE.

Ma fille, ainsi que toi, je me plais à le croire:
Un père aussi jaloux de puissance et de gloire,
Ne refusera pas d'approuver aujourd'hui
L'illustre hymen....

BLANCHE.

On vient.

CONSTANCE.

C'est ton père.

BLANCHE.

C'est lui.

SCÈNE II.

CONSTANCE, BLANCHE, CONTARINI.

CONTARINI.

'Avec étonnement vous me voyez, ma fille.
Mais sans sacrifier l'État à ma famille,
J'ai cru pouvoir donner à l'intérêt du sang
Ces instans dérobés au devoir de mon rang.
Sachez donc quel motif en ces lieux me rappelle,
Et ce qu'attend de vous ma bonté paternelle.
Je suis vieux : Dès long-tems votre frère au cercueil,
Emporta sans retour l'espoir de mon orgueil.
Vous seule, heureux appui de mon antique race,
Pouvez de ma maison réparer la disgrace.
Sur les bords du tombeau pour moi prêt à s'ouvrir,
Par vous je veux renaître avant que de mourir.
Par vous, puisqu'il doit perdre un nom qui le décore,
Qué sous un autre nom mon sang s'illustre encore.
'A ces nombreux héros dont on vous voit sortir,
Je sais qu'un héros seul se pourrait assortir ;
Aussi, pour vous donner, l'intérêt qui m'anime
En croit-il moins mon cœur que la publique estime.
Celui que nomme enfin le suffrage de tous,
Est l'époux que j'ai cru le plus digne de vous.

BLANCHE *(vivement)*.

Je vous entends, mon père, et je promets d'avance
Un effort peu pénible à mon obéissance.
De mon destin jamais je n'eus qu'à me louer :
Mais, Seigneur, mais ce choix, et j'aime à l'avouer,
De mon timide cœur prévenant la demande,
De toutes vos bontés sans doute est la plus grande.
Disposez de mon sort. Mais cet illustre époux,
Pourquoi donc en ces lieux n'est-il pas avec vous ?

CONTARINI.

Sur mes pas à l'instant, ma fille, il doit s'y rendre
On vient : c'est Donato.

SCÈNE III.

CONSTANCE, BLANCHE, CONTARINI, DONATO.

CONTARINI.

Que venez-vous m'apprendre ?

DONATO.

Au conseil à l'instant vous êtes attendu,
Seigneur.

CONTARINI.

Il me suffit. Vous m'avez entendu :
Obéissez, ma fille.

SCÈNE IV.

BLANCHE, CONSTANCE.

BLANCHE.

Ainsi donc tout s'empresse
A couronner les vœux que formait ma tendresse !
Constance, ainsi mon père, au gré de mon espoir,
Dans mon bonheur lui-même a placé mon devoir
Viens donc, viens partager, toi que mon cœur adore,
Un bonheur qui sans toi n'est pas parfait encore !

SCÈNE V.

CONSTANCE, BLANCHE, MONTCASSIN.

BLANCHE.

Montcassin ! ô retour si longtems attendu !

MONTCASSIN.

Blanche ! à moi-même enfin me voilà donc rendu !

CONSTANCE.

Que de gloire en tous lieux aujourd'hui vous devance !

BLANCHE.

Quel triomphe !

MONTCASSIN.

Ah ! crois-moi, c'est ici qu'il commence.
Libre d'un appareil qui n'a pu m'éblouir,
Blanche, de mes succès je viens enfin jouir.
Ces honneurs éclatans qu'à l'orgueil on prodigue,
Et dont l'orgueil lui-même aisément se fatigue,
De tant d'heureux travaux pour toi seule entrepris
Ne sont, tu le sais bien, ni l'objet ni le prix.
Du prix de la vertu ce peuple entier m'honore !
Ah ! celui de l'amour m'est dû bien plus encore.
L'amour fut mon espoir, s'il était mon appui ;
J'ai fait tout pour lui seul, et j'attends tout de lui.
Prévenant de l'orgueil les clameurs obstinées,
'A la même hauteur il met nos destinées.
Parmi les noms fameux il a placé le mien,
Il remplit mon serment, il réclame le tien.
Que ce jour à demi ne me soit pas prospère !

BLANCHE.

Connais donc, Montcassin, le projet de mon père.
Nous n'avons plus de vœux à former désormais.
Apprends....

CONSTANCE.

Un sénateur s'avance en ce palais.

MONTCASSIN.

N'est-ce pas Capello?

SCÈNE VI.

CONSTANCE, BLANCHE, MONTCASSIN, CAPELLO;

CAPELLO.

Seigneur.... et vous, Madame,
Pardonnez ma démarche à l'amour qui m'enflamme
A ce timide amour, par vous-même enhardi
Alors qu'à ses projets vous avez applaudi.
Instruit que votre aveu vient d'assurer encore
Le choix dont votre père en ce beau jour m'honore;
Ce choix inespéré qui, démenti par vous,
En vain m'appellerait au rang de votre époux;
Je viens mettre à vos pieds, aux pieds de ce que j'aime,
Et ma reconnaissance, et mes biens, et moi-même.
Ces biens, ces vains objets des trop longs différends
Qui divisaient Venise ainsi que nos parens,
Ils sont à vous, Madame, avec mon âme entière.
De vos aïeux, des miens, légitime héritière,
Achevez de combler vos bienfaits et mes vœux :
Hâtez-vous de fixer le jour, l'instant heureux,

Qui dans les nœuds sacrés d'un auguste hymenée
Doit réunir nos droits et notre destinée.
Mais quoi! vous vous taisez? vous vous troublez?

BLANCHE *(à Constance.)*

Hélas!

Que répondre?

CAPELLO.

Parlez.

CONSTANCE.

Ne vous offensez pas
De ce trouble ingénu d'une pudeur austère.
Devant un étranger, Seigneur, et loin d'un père,
Blanche, sans outrager ou vos droits ou vos feux,
Se peut effaroucher de vos premiers aveux.
Peut-être deviez-vous,....

CAPELLO.

Ce trouble qui l'honore
Sans doute à mes regards doit l'embellir encore.
Loin de m'en offenser, loin de vous accuser,
Madame, c'est à moi peut-être à m'excuser.
Du plus léger retard l'amour se désespère.
Croyez-le cependant, malgré l'ordre d'un père
Par d'importans devoirs au conseil retenu,
Mon cœur impatient se serait contenu,

Si j'avais pu , Madame , en mon ivresse extrême ,
Différer l'entretien désiré par vous-même.

MONTCASSIN (à part.)

Ciel !

CAPELLO.

Votre père ainsi me l'assurait du moins.
Et dois-je redouter le regard des témoins ,
Quand de nos deux maisons l'union solemnelle ,
Du sénat tout entier doit être la nouvelle ?
Pardonnez toutefois.....

BLANCHE (troublée.)

Ah ! c'est trop demander
Un pardon que vous seul avez droit d'accorder :
D'un cœur si généreux je l'obtiendrai sans doute.
Le ciel.... qui me connaît... sait ce que je redoute...
Comme il sait si jamais je trahirai ma foi :
Un père la promit.... autorisé par moi...
Sur mon sort tout entier permettez qu'il prononce ;
Par lui , dans peu d'instans , vous saurez ma réponse.

CAPELLO (avec contrainte.)

Je l'attendrai , Madame ; et je veux révérer
Le motif , quel qu'il soit , qui la fait différer ;
Sûr qu'il ne peut blesser ni mon sang ni le vôtre.
Ce cœur , digne à la fois et de l'un et de l'autre ,

A vous seule aujourd'hui s'en remet de son sort.
Je l'attendrai, vous dis-je ; heureux qu'un tel effort
Vous apprenne à juger dans ce cœur trop sensible
L'excès du sentiment qui lui rend tout possible. *(Il sort.)*

SCÈNE VII.

CONSTANCE, BLANCHE, MONTCASSIN.

BLANCHE.

Montcassin !

MONTCASSIN.

Je demeure interdit à la fois
De tout ce que j'entends, de tout ce que je vois,
Mon malheur excepté, je n'y veux rien comprendre ;
Je n'y veux rien chercher ; je ne veux rien apprendre.

BLANCHE.

Montcassin !

MONTCASSIN.

Il suffit : je sais ce que je dois :
Mon cœur est éclairé. Je vous rends tous mes droits ;
Ces droits qu'en mon erreur je réclamais encore,
Qui m'étaient chers, sans doute, et qu'à présent j'abhorre ;
Transportez-les, Madame, à mon heureux rival.
Votre abandon fatal, votre amour plus fatal,

Vos sermens et les miens, j'oublîrai tout moi-même.
Et puissé-je oublier aussi que je vous aime !

BLANCHE.

Vous l'oubliez peut-être en ce commun malheur,
Cher et cruel objet d'amour et de douleur !
A quels soupçons !....

MONTCASSIN.

Eh bien ! détruis-les donc, cruelle;
Sauve-moi du malheur de te croire infidèle.
Par amour, par pitié, détruis, si tu le peux,
Un doute insupportable, outrageant pour tous deux.
Depuis quand ce rival, si superbe et si tendre,
Prétend-il un retour qu'il semble en droit d'attendre?
Quel est cet hyménée, ou plutôt ce traité,
Proposé par un père et par vous accepté,
Quand vous parliez tous deux de couronner ma flamme?
Si le parjure enfin n'entre pas dans votre âme,
Pourquoi, par votre accueil, mon rival excusé,
Moins que jamais encor sort-il désabusé ?
Parlez.

BLANCHE.

M'en croirez-vous dans votre trouble extrême?

MONTCASSIN.

Parle, je t'en crois plus que la vérité même.

BLANCHE.

Mon cœur est ennemi du plus léger détour.
Je vous aime !

MONTCASSIN.

Et qui donc fait nos maux?

BLANCHE.

Mon amour:

Ce sentiment si doux qui t'a, dans sa constance,
Consacré tous les jours de ma tendre existence;
Qui fait battre mon cœur si-tôt que je te voi,
Et dans le monde entier ne me fait voir que toi.
Au gré de mes désirs, je me plaisais à croire
Que par l'orgueil d'un père ébloui de ta gloire,
Notre hymen aujourd'hui se verrait assuré;
Quand mon père lui-même en ces lieux est rentré :
« J'ai fait un choix, dit-il, et vous êtes promise
» Au plus grand des héros dont s'honore Venise »
Me parler d'un héros, n'est-ce pas te nommer?
Rassurée à ces mots qui devaient m'alarmer,
J'ai tout approuvé... tout. Hélas! tu sais le reste.
L'amour seul a causé mon erreur trop funeste;
Il te crut sans rival; et sans doute aujourd'hui,
Venise toute entière aurait cru comme lui.
Sans pitié, toutefois, que ta vengeance éclate:
Imprudente, insensée, et non jamais ingrate,

J'ai trahi ton espoir, brisé notre lien ;
Mais puis-je avoir voulu ton malheur et le mien ?

MONTCASSIN.

Jamais ! oh ! non jamais. C'est moi qui suis coupable ;
Je le vois, je le sens au trouble qui m'accable ;
A ce trouble d'un cœur honteux, épouvanté,
Du doute injurieux qu'il a trop écouté.
A ta fidélité, quoi ! j'ai fait cette injure !
Quoi ! le plus tendre amour, la vertu la plus pure,
N'ont pu te garantir d'un odieux soupçon !
Mon crime est, je le sens, indigne de pardon.
Contre mon désespoir, mes prières, mes larmes,
Par ma rigueur enfin, je t'ai donné des armes ;
Sois donc impitoyable et laisse-moi mourir
Autant de mon amour que de mon repentir.

BLANCHE.

Calme le désespoir où ton cœur s'abandonne ;
Heureux qui se repent, plus heureux qui pardonne,
Loin d'augmenter nos maux, sachons les réparer.
D'autant plus rapprochés qu'on veut nous séparer,
Unis par l'intérêt, l'amour et le courage,
L'un sur l'autre appuyés, faisons tête à l'orage.
Que dis-je ? ne peut-il encor se conjurer ?
Capello de mon choix croit en vain s'assurer ;

Ce choix n'est pas le mien : je me flatte, j'espère,
Qu'aux yeux de la nature, aux regards de mon père,
Les droits qu'on a fondés sur l'erreur d'un moment
Ne sauraient l'emporter sur mon premier serment,
Sur mon premier amour, sur cette douce flamme,
La seule qui jamais puisse embraser mon âme.

MONTCASSIN.

Non, ton père à nos vœux ne peut se refuser.
Hâte-toi, hâtons-nous de le désabuser.
Je pars : en quelque lieu que Montcassin le trouve,
Il faudra qu'il m'entende, il faudra qu'il m'approuve ;
Qu'il rende à l'espérance, à l'hymen, au bonheur
Cet amour qu'un moment a flatté son erreur.
O Blanche ! il est ton père… et je ne saurais croire
Qu'il résiste à tes pleurs et peut-être à ma gloire.
Attends tout de ma flamme, attends tout de ma foi ;
J'ai vaincu pour Venise, et je vaincrai pour toi.

Fin du second Acte.

ACTE III.

SCÈNE PREMIÈRE.

BLANCHE , CONTARINI.

CONTARINI.

J'ai revu Capello. Cet illustre adversaire,
Qu'enfin me concilie un hymen nécessaire,
N'a plus à s'offenser que des retardemens
Opposés par vous seule à ses empressemens.
Qui peut vous arrêter lorsque ma complaisance,
Méritée aujourd'hui par votre obéissance,
Permet à votre choix de fixer l'heureux jour
Qui doit récompenser tant de gloire et d'amour ?

BLANCHE.

Votre bonté sans cesse est présente à mon âme,
Mon père ; et votre fille à vos pieds la réclame.

CONTARINI.

Parlez ; ne craignez pas de l'implorer en vain.

BLANCHE.

Aux autels, Capello recevra donc ma main?

CONTARINI.

Elle y sera le prix de son amour extrême ;
Je le veux, ou plutôt vous le voulez vous-même.

BLANCHE.

Ah ! loin de le vouloir, je sens trop qu'à vos lois
Je tremble d'obéir, pour la première fois.

CONTARINI.

Au moment d'épouser celui qui vous adore,
Que craindre ?

BLANCHE.

Cet hymen.

CONTARINI.

Il vous plut.

BLANCHE.

Je l'abhorre.

CONTARINI.

Blanche, quel changement si peu digne de vous
Vous rend déjà contraire à vos vœux les plus doux?

BLANCHE.

Gardez-vous d'y chercher l'effet d'un vain caprice,
Mon père ; et révoquez par pitié, par justice,

Ce triste engagement qui, fondé sur l'erreur,
Fut formé par ma bouche et non pas par mon cœur.
Quand vous aurez appris.....

CONTARINI.

     Lorsqu'une illustre chaîne
Va réunir deux noms que séparait la haine,
Lorsque le même hymen, qui dans ce jour nous rend
Les importans objets d'un trop long différend,
M'appuyant des amis d'un héros qui vous aime,
Me permet d'espérer la dignité suprême ;
Croyez qu'il m'était doux, en mes heureux projets,
D'avoir concilié nos divers intérêts
Et, comme tout d'abord m'engageait à le croire,
De couronner vos vœux d'accord avec ma gloire.
Mais si, par un malheur qui m'indigne à prévoir,
Votre inclination combat votre devoir ;
Mais au désir d'un seul, si l'avenir propice
De l'un de nous, ma fille, exige un sacrifice,
Sachez que vainement on l'attendrait de moi.
Gardez-vous de penser que violant ma foi,
Que bravant le courroux d'une maison puissante,
J'immole aux vains désirs d'une fille inconstante
Tant d'intérêts sacrés qu'il me faudrait trahir.
Je sais vouloir : je veux : vous saurez obéir.
Il faut que sans délai cet hymen s'accomplisse.

BLANCHE.

Il me faut donc souscrire aux horreurs d'un supplice
Qui, de mon existence embrassant tout le cours,
Doit se renouveler à chacun de mes jours !
Pouvez-vous l'ordonner, pouvez-vous, ô mon père !
Vous, si longtems heureux par mon heureuse mère,
Me contraindre à subir dans ce triste lien,
Un sort si différent et du vôtre et du sien !

CONTARINI.

Votre mère, il est vrai, charma mon existence :
Mais je dus mon bonheur à mon obéissance ;
Et les nœuds fortunés qui nous ont réunis,
Par le choix paternel avaient été bénis.

BLANCHE.

Eh ! Seigneur, quand ce choix justifia vos flammes,
Quel effort le devoir coûta-t-il à vos âmes ?
Il rapprochait de vous le but où vous couriez,
Et l'on vous ordonnait ce que vous désiriez.
Mais si, loin de prescrire à votre amour docile
Un effort aussi doux, un devoir si facile,
Du pouvoir paternel la redoutable voix,
Réprouvant tout-à-coup ce choix, ce premier choix,
Dicté par la nature à tout être sensible,
A votre obéissance eût prescrit l'impossible ;

Qu'auriez-vous fait alors?..... Alors, ah! je le sens,
En proie au désespoir qui trouble tous mes sens,
Confessant vos erreurs, exhalant vos alarmes,
Aux pieds d'un tendre père arrosé de vos larmes,
Vous eussiez imploré contre ses droits jaloux
Sa bonté, que j'implore à vos sacrés genoux.

CONTARINI.

Auriez-vous fait un choix?

BLANCHE.

    Ah! si mon cœur trop tendre
A prévenu celui que je devais attendre,
Devant votre fierté, que je n'ai pu trahir,
De ma faute du moins puis-je m'enorgueillir.
Proscririez-vous ce choix, vous qui, dans ce jour même,
En admiriez l'objet presqu'autant que je l'aime;
Qui, l'élevant au rang des premiers citoyens,
Avez dans vos transports presqu'égalé les miens?

CONTARINI.

Imprudente! achevez de me faire connaître
L'audacieux....

BLANCHE.

  Seigneur, vous le voyez paraître.

CONTARINI.

Montcassin !..... C'est assez. Qu'on me laisse avec lui.

SCÈNE II.

CONTARINI, MONTCASSIN.

CONTARINI.

Citoyen de l'État dont vous fûtes l'appui,
Vous, qui réunissant la prudence au courage,
Paraissiez étranger aux erreurs de votre âge,
Au milieu de l'éloge et des transports de tous,
Pourquoi m'obliger seul à me plaindre de vous?

MONTCASSIN.

Moi !

CONTARINI.

Le Ciel à mes vœux n'a laissé qu'une fille,
Appui de ma vieillesse, espoir de ma famille ;
A toutes les vertus, loin d'un monde trompeur,
Je me flattai longtems d'avoir formé son cœur ;
Je me flattais, surtout, qu'un intérêt contraire
Jamais de son devoir ne pourrait la distraire.
Je l'éprouve aujourd'hui pour la première fois.
Au seul nom de l'époux que lui garde mon choix,
Je vois Blanche, interdite, éperdue, éplorée,
Réclamer ma pitié, vainement implorée,

Parler de nœuds plus saints, d'engagemens plus doux,
Un cruel l'a séduite, et ce cruel c'est vous.

MONTCASSIN.

Séduite! vous croyez que d'un vil stratagême.....

CONTARINI.

N'êtes-vous pas aimé?

MONTCASSIN.

Je suis aimé, mais j'aime;
Mais vers Blanche emporté par un attrait vainqueur,
Je suis séduit comme elle et non pas séducteur!

CONTARINI.

Jeune homme, c'est ainsi que soi-même on s'abuse,
Que tous les attentats ont trouvé leur excuse.
Le plus vil corrupteur répugne à supporter
L'opprobre de ce nom qu'il aime à mériter:
Par des déguisemens trop semblables aux vôtres,
Il cherche à se tromper comme à tromper les autres.
Insuffisante adresse! inutiles détours!
Un indice imprévu dément ses vains discours;
Et j'ai su démêler dans votre long silence
De votre ambition la secrète espérance.

MONTCASSIN *(vivement.)*

De mon amour, Seigneur: et si jusqu'à ce jour
J'ai dans mon sein brûlant renfermé cet amour,
Si j'ai tû mon espoir, accusez ma franchise
Moins que les préjugés et les lois de Venise.
Vous êtes sénateur, je n'étais qu'étranger:
Ne savais-je donc pas que, sans vous outrager,
Bien plus, sans vous contraindre à m'outrager moi-même,
Je ne pouvais parler de mon amour extrême?
Le sang patricien, s'il ne veut se souiller,
Au sang patricien doit ici s'allier.
Il fallait donc briguer ce privilège insigne,
Ou bien posséder Blanche en s'en rendant indigné:
Je n'ai point balancé: mais c'est le fer en main,
Que j'osai des grandeurs me frayer le chemin.
Sans outrager vos droits, je crus, et j'aime à croire
Que si l'amour pouvait me conduire à la gloire,
La gloire, asservissant la fortune à mon cœur,
Pourrait de même un jour me conduire au bonheur.
Le sénat, par le prix qu'il donne à ma vaillance,
N'a pas encor rempli ma plus douce espérance;
Sur les obstacles vains qui m'étaient opposés
Il me mène au bonheur; mais vous en disposez:
Mais je ne l'obtiendrais, en ce moment prospère,
Que s'il m'était permis de vous nommer mon père...

CONTARINI.

Seigneur, je puis en père, à vos vœux insensés,
Pardonner le mépris de mes droits offensés;
Mais non pas vous devoir cet honorable titre.
Du sort de Blanche en vain vous me croyez l'arbitre;
Depuis que par mon ordre elle a promis sa foi,
Son sort ne dépend plus ni d'elle ni de moi.

MONTCASSIN.

Et ne savez-vous pas quelle erreur l'a déçue?
Et ne savez-vous pas que seul je l'ai reçue
Cette foi tant jurée, et qu'en ce jour fatal
L'apparence un instant promit à mon rival?
Seigneur, je la reçus, quand cherchant dans l'absence
Un remède aux tourmens qu'augmentait sa présence,
Je vis mon désespoir éclater dans ses yeux,
Et ses premiers soupirs accuser mes adieux.
Seigneur, je la reçus, quand sa vertu sévère,
Fidèle à sa patrie, et soumise à son père,
Soumise au préjugé qui nous désespérait,
N'applaudit qu'à l'amant qui les respecterait.
Seigneur, je la reçus dans ce jour de victoire,
Lorsqu'enivré d'amour, d'espérance et de gloire,
Je me croyais heureux d'apporter à vos pieds
Les honneurs dont enfin mes efforts sont payés.

Tels sont mes droits, Seigneur, les plus sacrés peut-être..
Ils ne sont rien sans vous : daignez les reconnaître.
Confirmez ce lien, qui dans vos jours vieillis,
Vous conserve une fille et vous acquiert un fils.
Ou bien, cruel, ou bien, si votre âme insensible
S'obstine à commander un parjure impossible,
Voyez à quels efforts il faut vous préparer
Pour déchirer deux cœurs qu'on ne peut séparer.
Sachez qu'en frappant l'un, vous frappez aussi l'autre ;
Qu'en répandant mon sang, vous répandrez le vôtre ;
Et qu'enfin vos enfans verront leur dernier jour
Avant que votre haine ait vaincu leur amour.

CONTARINI.

Montcassin, ces éclats d'une fougue imprudente
N'ont rien qui m'attendrisse, ou rien qui m'épouvante ;
Et vous vous abusiez quand vous avez compté
Par ces faibles moyens forcer ma volonté :
Rien ne peut la changer. Tandis que cette flamme,
Qu'un imprudent espoir entretint dans votre âme,
Avec ce même espoir va sans doute expirer,
Guerrier et magistrat, est-ce assez soupirer ?
Plus sage désormais, si vous daignez m'en croire,
Vous tournerez les yeux du côté de la gloire ;
Jouissez de ses dons, heureux et triomphant,
Et laissez-moi régler le sort de mon enfant.

MONTCASSIN.

Cruel, c'est cet enfant qui par moi vous implore.
Écoutez la nature, et soyez père encore.
D'un sinistre avenir pour vous-même effrayé,
De trois infortunés prenez enfin pitié;
D'un fils à vos genoux exaucez la prière.

CONTARINI.

Vous avez entendu ma volonté dernière.

MONTCASSIN.

Je prétends vous fléchir..

CONTARINI.

Rien ne me fléchira.

MONTCASSIN.

Mais votre fille enfin.....

CONTARINI.

Ma fille obéira.

MONTCASSIN.

Tant que j'existerai croyez-vous l'y contraindre?

CONTARINI.

Je vous entends: je vois ce qui me reste à craindre.
Je sais qu'en ce séjour par ma fille habité,
Votre présence attente à mon autorité.

Jurez-moi donc, jurez d'en respecter l'entrée,
Jusqu'au jour où ma fille, en son devoir rentrée,
Et pour jamais soustraite à vos projets jaloux,
Quittera ce palais pour celui d'un époux.

MONTCASSIN.

Moi le jurer ? jamais !

CONTARINI.

Souffrez que je l'espère.

MONTCASSIN.

Je suis l'amant de Blanche.

CONTARINI.

Et moi, je suis son père.

MONTCASSIN.

Au mépris de mes droits pouvez-vous demander ?...

CONTARINI.

Je ne demande plus ; je saurai commander.

MONTCASSIN.

Vous oseriez ?....

CONTARINI.

Sortez.

MONTCASSIN.

Ah ! cet excès d'outrage,
Comme à ta cruauté met le comble à ma rage ;

Il force mon amour à rentrer dans ses droits.
Eh bien ! j'ai supplié pour la dernière fois.

(Revenant sur ses pas.)

Adieu..... De mon destin tu n'es pas encor maître ;
Avant le jour fatal tu connaîtras peut-être.....
Un tyran prévoit tout.... je te laisse à prévoir
Tout ce que peut tenter l'amour au désespoir.

SCÈNE III.

CONTARINI *(seul.)*

Et toi, dans ce climat funeste à l'imprudence,
Prévois, si tu le peux, jusqu'où va la vengeance :
A ses yeux vigilans ne crois pas échapper.
Je ne menace pas, mais je saurai frapper ;
Mais je saurai saisir, fort du pouvoir suprême,
Cet instant où le faible est terrible lui-même.
Quelqu'un vient : renfermons cet indiscret transport.

SCÈNE IV.

CONTARINI, CAPELLO.

CAPELLO.

Noble Contarini, je viens savoir mon sort.

CONTARINI.

De vos engagemens, Seigneur, qu'il vous souvienne.

CAPELLO.

Quelle est la volonté de Blanche enfin?

CONTARINI.

La mienne.

CAPELLO.

Elle a daigné souscrire à mes vœux les plus doux?

CONTARINI.

Je vous l'ai dit, Seigneur, vous serez son époux.

CAPELLO.

Quel jour assignez-vous à cet hymen prospère?

CONTARINI.

Le jour où délivré du poids du ministère,
L'un de nous deux aura satisfait à la loi
Qui ferme à deux parens l'accès du même emploi. (15)

CAPELLO.

Ne me flattez-vous plus d'une vaine espérance?

CONTARINI.

Vous pouvez, Capello, croire à cette assurance.

CAPELLO.

Du doute injurieux qui m'a trop agité,
Que j'ai peine à passer à la sécurité!

CONTARINI.

Involontaire effet de cette inquiétude,
Trop naturelle au cœur, qu'une triste habitude
De toujours séparer l'espoir et le désir,
Fait douter du bonheur qu'il est prêt à saisir.
L'impatience alors en notre âme agitée
Par un reste de crainte est encore irritée.
On voudrait dans son cours précipiter le tems;
On a compté les jours, on compte les instans.
Semblable au désespoir, l'attente nous dévore;
Et tout près du bonheur on est à plaindre encore.
Tel est votre tourment.

CAPELLO.

      Ah ! quand votre bonté
Sur mes secrets désirs règle sa volonté;
Quand pour me rassurer, votre indulgence extrême
Fait plus que mon amour n'eût exigé lui-même;
A des soupçons encor dois-je m'abandonner?

CONTARINI.

Des soupçons! ce discours a droit de m'étonner!
Qui produit ces soupçons dont votre âme est saisie?

CAPELLO.

Faut-il vous l'avouer?

CONTARINI.

Parlez.

CAPELLO.

La jalousie.
Je combats vainement ce funeste poison ;
Il tourmente mon cœur, il trouble ma raison ;
Il me consume, hélas! injustement peut-être....
Mais enfin l'embarras que Blanche a fait paraître,
Ce peu d'empressement à combler mes souhaits,
Que sais-je aussi! l'aspect de ce jeune Français,
Qui surpris, qui plongé dans un morne silence,
Semblait dans son dépit se faire violence
Et du voile imposteur de la tranquillité
Couvrir les mouvemens de son cœur agité....
Si j'avais un rival.... si celle que j'adore....
Vous m'entendez, Seigneur: il en est tems encore;
Je ne réunis pas dans mes transports jaloux,
Aux fureurs de l'amant le pouvoir de l'époux.
Dans ses égaremens mon cœur serait terrible;
Je le crains.... je le sens.... sage autant que sensible,
Prévenez les malheurs.... qu'ai-je dit? insensé!
Que deviendrais-je, hélas! si j'étais exaucé.
Non, par pitié, plutôt, hâtez, qu'il s'accomplisse
Cet hymen qui lui seul finira mon supplice ;

Qui vainqueur du soupçon, rendra seul à mon cœur
Cette tranquillité qui sied à mon bonheur.

CONTARINI.

Eh bien! mettons un terme au mal qui vous tourmente;
Abrégeons les ennuis d'une trop longue attente:
J'y consens, Capello. Sans appareil, sans bruit,
Venez me retrouver au milieu de la nuit.
Il est en ce palais une chapelle antique,
De notre auguste foi monument domestique.
Devant les seuls témoins par l'usage appelés,
Là, nos traités secrets peuvent être scellés:
Là, Blanche à votre amour deviendra moins sévère;
Et vous la recevrez de la main de son père.

CAPELLO.

Ah! Seigneur! ah! comment reconnaître jamais...

CONTARINI.

Votre bonheur, voilà le prix de mes bienfaits.
Surtout, qu'il soit couvert du plus profond mystère.
Reprenons cependant les soins du ministère.
Les dangereux projets qui nous ont menacés
De ma mémoire encor ne sont point effacés;
Et j'aurais à rougir du nœud qui nous engage,
S'il portait à l'État le plus léger dommage.

CAPELLO.

Tout n'est-il pas prévu ? Ces murs, grâce à vos soins,
Ne sont-ils pas peuplés d'invisibles témoins
Qui, se mêlant aux jeux de la foule insensée,
Comme dans les discours lisent dans la pensée ?
Ils surveillent surtout ce lieu d'iniquité,
Ce palais où Bedmar, avec impunité,
Fort du titre sacré dont sa tête est couverte,
Au milieu de Venise en conspirait la perte.

CONTARINI.

Autour de ce palais, redoutable, abhorré,
Et du mien seulement par un mur séparé,
Oui, j'ai multiplié l'œil de la surveillance.
La sûreté publique est dans la méfiance.
Jour et nuit sur Bedmar que nos yeux soient ouverts.
Déjà l'ombre obscurcit nos palais et nos mers :
Le coupable se montre à cette heure propice
Qui doit avec le crime éveiller la justice ;
Sortons donc de ces lieux pour n'y plus revenir
Qu'appelés par les nœuds qui vont nous réunir.

Fin du troisième Acte.

ACTE IV.

Le théâtre représente une chapelle particulière du palais de Contarini. L'autel est à droite des spectateurs, la porte d'entrée à gauche. En face, une porte ouverte laisse appercevoir une salle dont les fenêtres donnent sur le palais de l'ambassadeur d'Espagne. La scène est éclairée par une lampe.

SCÈNE PREMIÈRE.

BLANCHE, CONSTANCE.

CONSTANCE.

BLANCHE, que m'as-tu dit ?

BLANCHE *(une lettre à la main.)*

      Mon malheur est certain
Au mépris de mon cœur on a vendu ma main.
Tiens, lis.

CONSTANCE *(après avoir parcouru la lettre.)*

Bien promptement ton cœur se désespère!

BLANCHE.

S'il avait pu fléchir la rigueur de mon père,
L'infortuné, Constance, en ce pressant billet,
Me demanderait-il un entretien secret?

CONSTANCE.

Ma fille! et c'est ici que tu prétends l'attendre?

BLANCHE.

Partout ailleurs, Constance, on pourrait nous surprendre.
A cette heure du moins cet asile est désert,
Et par ce côté seul sur le palais ouvert...

CONSTANCE.

Et s'il fallait d'un père éviter la venue?

BLANCHE.

Sur le palais voisin n'est-il pas une issue?

CONSTANCE.

Dans quel nouveau péril serait précipité
Ton malheureux amant dans sa fuite arrêté
Du ministre espagnol un seul mur nous sépare.
Pris en le franchissant...

BLANCHE.

N'achève pas, barbare!

CONSTANCE.

Aux rigueurs de la loi tu ne peux trop songer.

BLANCHE.

Il ne me reste donc que le choix du danger.
Dans cet écrit tracé par sa main défaillante
Lis de son désespoir la menace effrayante.
Il veut cette entrevue, il meurt s'il ne l'obtient.
En cédant à ses vœux quelqu'espoir me soutient :
Je le verrai... Des maux dont la crainte nous presse
C'est le moins assuré que choisit ma tendresse.

CONSTANCE.

Mettre ainsi ton amant, par ta témérité,
Entre une loi terrible et ton père irrité!
Exposer à la foi son honneur et sa vie!
Y peux-tu consentir ?

BLANCHE.

   Et toi, cruelle amie,
Et toi, Constance, aussi, veux-tu donc augmenter
L'effroi dont en secret je me sens tourmenter?
Insensible à ma peine, à ma plainte insensible,
Comme un père envers moi si tout est inflexible,
C'est du Ciel désormais qu'il faut tout espérer.
Avec les oppresseurs bien loin de conspirer,

Le Ciel entend la voix du malheur qui supplie ;
Et c'est dans sa bonté que je me réfugie.

(Elle se jette au pied de l'autel.)

CONSTANCE.

Ingrate !

BLANCHE.

A mon destin tu peux m'abandonner?

CONSTANCE.

Si d'un pareil effort tu m'oses soupçonner,
Sans doute je le dois...

BLANCHE.

Refuse-moi, Constance,
L'effort qu'à mon malheur devait ton indulgence.

CONSTANCE.

Ton honneur, mon devoir permettent-ils?...

BLANCHE.

Eh bien!
Fais ton devoir, cruelle, et je ferai le mien.

CONSTANCE.

Où vas-tu, malheureuse ?

BLANCHE.

Où le destin m'entraîne,
Où ta rigueur me pousse.

CONSTANCE.

Imprudente!

BLANCHE.

Inhumaine !

CONSTANCE.

Tu ne sortiras pas.

BLANCHE.

D'un trop sensible amant
C'est assez prolonger l'attente et le tourment.

CONSTANCE.

Crois-moi...

BLANCHE.

J'en crois le Ciel qui m'éclaire et m'inspire.

CONSTANCE.

C'est le plus grand des maux que choisit ton délire.

BLANCHE.

Ah! le plus grand des maux est l'état où je suis.
Montcassin... Chaque instant ajoute à ses ennuis,
Peut-être à ses soupçons!.... Tandis qu'en ta présence.
Je me consume en vain de son impatience.
C'est trop tarder.

CONSTANCE *(tendrement.)*

Ma fille !

BLANCHE.

Eh bien ! que me veux-tu ?

CONSTANCE.

Te prouver ma tendresse en sauvant ta vertu.

BLANCHE *(vivement.)*

Constance ! ah ! le péril de plus en plus augmente !
Qu'attends-tu pour céder aux larmes d'une amante ?
Qu'un malheureux vaincu par ses pressentimens
Se frappe en m'accusant de tes retardemens ?
Qu'au pied de ce palais sa fureur assouvie
N'offre à tes vains secours qu'un corps pâle et sans vie ?
Par mes pleurs tant de fois de tes mains essuyés,
Par ce mortel effroi qui m'accable à tes pieds,
Constance ! ah ! prends pitié d'une tête si chère,
Prends pitié de moi-même, et sois encor ma mère !

CONSTANCE.

J'ai voulu te sauver ,... je l'ai dû .... je le dois...
Tu veux te perdre... eh bien ! perdons-nous tous les trois.

SCÈNE II.

BLANCHE *(seule.)*

Il va venir... il vient !... Nuit bienfaisante et sombre,
Redouble autour de lui l'épaisseur de ton ombre...

Et vous, marbres discrets où l'amour le conduit,
Dérobez de ses pas et l'empreinte et le bruit.
Loin de moi la terreur dont je me sens atteinte.
Constance! ah! si le ciel justifiait ta crainte!...
S'il volait à la mort!... et j'ai pu le vouloir!...
Et j'ai pu l'ordonner!.. Quel était mon espoir?
A sa propré fureur j'ai voulu le soustraire;
C'est donc pour le frapper par la main de mon père!..,
Courons.

SCÈNE III.

MONTCASSIN, BLANCHE.

MONTCASSIN.

Tout est perdu.

BLANCHE.

Quoi! plus d'espoir?

MONTCASSIN.

Le sort
Ne nous laisse à choisir que la fuite ou la mort.

BLANCHE.

A cette extrémité sa rigueur m'a réduite!

MONTCASSIN.

Choisis sans différer.

BLANCHE.

Ou la mort ! ou la fuite !

MONTCASSIN.

Tu trembles ?....

BLANCHE.

Mon malheur n'est-il pas assez grand ?

MONTCASSIN.

Ton père t'offrirait un parti différent.

BLANCHE.

Ah ! c'est toujours la mort !

MONTCASSIN.

Fuyons donc.

BLANCHE.

Quoi ! sur l'heure ?

MONTCASSIN.

Peux-tu trop tôt quitter cette indigne demeure,
Où l'unique intérêt est l'intérêt du rang,
Où la voix de l'orgueil couvre la voix du sang,
Où pour toi le devoir n'est plus que le parjure,
Où ta flamme est un crime et la mienne une injure,
Où prêt à t'accabler d'exécrables liens,
On a vu d'un œil sec et tes pleurs et les miens ?

BLANCHE.

Où veux-tu m'entraîner ?

MONTCASSIN.

Aux rives de la France.
Là de nos tendres cœurs finira la souffrance,
Là l'hymen te promet, d'accord avec l'honneur,
Quelque richesse encore, et surtout le bonheur.
Viens donc.

BLANCHE.

S'il faut le fuir ce sol qui m'a nourrie,
Ta patrie à l'instant deviendra ma patrie.
Je ne le verrai pas sans un doux sentiment,
Ce fortuné rivage où naquit mon amant.
Oui, sur ces bords heureux si ton destin m'appelle,
J'irai, mais fugitive, et non pas criminelle;
Mais sans traîner la honte et l'horreur après moi;
Et quitte envers mon père aussi bien qu'envers toi.

MONTCASSIN.

Ton père ! et qu'en attend ta tendresse incertaine ?
Qu'aux autels du parjure il t'envoie, il t'entraîne,
Et là qu'à son caprice il ait pu t'écraser
Des fers que tes efforts voudront en vain briser ?
Imprudente ! ah ! fuyons le sort qui nous menace;
Nous le pouvons encor : le tems fuit, l'heure passe
Et ramène à grands pas le jour et les douleurs :
Fuyons ce nouveau jour et de nouveaux malheurs.

BLANCHE.

Entends-moi, Montcassin : tu sais si je partage
L'opprobre et la douleur d'un refus qui t'outrage;
Mais enfin, ce refus peut-il, en un moment,
Briser tous les liens d'un père et d'un enfant?
Est-ce un dernier arrêt, un ordre irrévocable,
Froidement prononcé par un juge implacable?
Au témoignage enfin de mon malheureux cœur,
Ai-je tout employé pour fléchir sa rigueur?
Non, non, je n'ai pas fait tout ce que j'ai dû faire.

MONTCASSIN.

Comment ?

BLANCHE.

          Je l'attendrai ce redoutable père;
Il reverra mes pleurs; il entendra ma voix,
Il entendra sa fille, une dernière fois
Réveiller dans son âme, à mes cris déchirée,
La nature endormie et non pas expirée....
S'il reste inébranlable à mes derniers efforts,
Je fuis au désespoir.... mais du moins sans remords.

MONTCASSIN.

Va, la nature est morte en son âme insensible;
A tout sentiment tendre il est inaccessible;
Je l'ai trop éprouvé: sans pitié, sans fureur,
Il ne sait que vouloir, et veut notre malheur.

Et que pourra tenter ton imprudence extrême,
Qu'en vain mon désespoir n'ait employé lui-même ?
Pour fléchir ce barbare, ai-je rien dédaigné ?
Ne m'a-t-il pas vu même, et j'en suis indigné,
A sa fierté féroce asservissant la mienne,
Demander à ses pieds et ma vie et la tienne ?
Un refus ironique et d'insultans mépris,
Des pleurs de ton amant voilà quel fut le prix.
Et tu t'abaisserais à supplier encore
Celui qui t'avilit dans l'être qui t'adore !
Si tu le peux, tranchons des discours superflus ;
Tu ne m'aimas jamais, ou tu ne m'aimes plus.

BLANCHE.

Écoute : en peu de mots je pourrais te confondre,
Mais ce n'est pas ainsi que je veux te répondre.
Regarde : tu le vois sur cet autel sacré,
De notre auguste foi ce signe révéré ;
Ce Dieu qui m'enseigna le pardon de l'injure :
Il lit au fond des cœurs ; il punit le parjure ;
Il venge tôt ou tard le mépris des sermens,
Sur les époux, et même, ingrat, sur les amans.
C'est lui qu'en ce moment j'appelle en témoignage
De la fidélité que mon amour t'engage.
Bénis du haut du Ciel, Dieu qui veilles sur nous,
Cette foi qu'une épouse assure à son époux.

Que si je la trahis, ta vengeance inflexible!....

MONTCASSIN *(vivement.)*

Va, ce n'est pas à toi de prévoir l'impossible;
Laisse-moi ces soupçons dignes de tes mépris.

(Avec enthousiasme et fléchissant un genou devant l'autel.)

Toi, par qui nos sermens dans les cieux sont écrits,
Reçois ceux qu'un époux engage à son épouse!
Ah! s'ils pouvaient renaître en mon âme jalouse,
Ces odieux soupçons que j'ai trop écoutés,
Accable-moi, grand Dieu, de malheurs mérités,
De malheurs enfantés par ma propre injustice;
De ma coupable erreur prolongeant le supplice,
Punis-moi sans pitié jusqu'à mon dernier jour,
D'avoir un seul instant outragé tant d'amour!

(Il se lève.)

BLANCHE.

Il n'exaucera pas cette affreuse prière!

MONTCASSIN.

Blanche, de mes erreurs pardonne la dernière.

BLANCHE.

Je n'y vois que l'amour: pourrais-je t'en punir?

MONTCASSIN.

A ton gré désormais règle notre avenir.

BLANCHE.

C'est dans ces sentimens que mon cœur te retrouve.

MONTCASSIN.

Je me livre en aveugle au bonheur que j'éprouve.

BLANCHE.

Va-t-en, n'accable pas mon courage abattu.

MONTCASSIN *(avec abandon.)*

Adieu : tu peux nous perdre à force de vertu.

BLANCHE.

Cette vertu, crois-moi, n'est que mon amour même.

MONTCASSIN.

Et toujours abusant de son pouvoir suprême,
Si ton père....

BLANCHE.

Demain j'accours te retrouver.

MONTCASSIN.

Demain!... mais aujourd'hui que peut-il arriver?

SCÈNE IV.

BLANCHE, MONTCASSIN, CONSTANCE.

CONSTANCE *(éperdue.)*

Fuyez : voici l'instant que j'ai prévu.

BLANCHE.

Constance,
Mon père est de retour ?

CONSTANCE.

Vers ces lieux il s'avance ;
Il t'y fait appeler.

MONTCASSIN.

Qu'en faut-il augurer ?

CONSTANCE.

Sans délai, mes enfans, il faut vous séparer :

BLANCHE.

Va, mon cœur sera ferme autant qu'il est sensible.

MONTCASSIN.

Allons.

CONSTANCE.

De ce côté, la fuite est impossible :
Par trop de surveillans ce passage est fermé,

MONTCASSIN.

Eh ! bien !...

CONSTANCE.

Si de vertu ton amour est armé,
C'est par ce palais seul....

BLANCHE.

Celui d'Espagne ! arrête :
La mort est sous tes pas.

MONTCASSIN.

L'opprobre est sur ta tête !
Ah ! Dieu ! je ne serais qu'un lâche suborneur,
Si j'osais préférer ma vie à ton honneur.
(*A Constance.*)
Conduis-moi.... (*Ils sortent par la porte du fond.*)

BLANCHE.

Malheureux ! Veille sur lui, ma mère !
Veillez sur lui, grand Dieu ! Ciel ! j'apperçois mon père !

SCÈNE V.

CONTARINI, BLANCHE.

CONTARINI (*dans la coulisse.*)

A-t-on mandé ma fille ?

BLANCHE.

Oui, Seigneur, la voici.

CONTARINI.

Savez-vous quel motif nous réunit ici ?
Et puis-je enfin compter sur votre obéissance ?

BLANCHE.

Je me rends à votre ordre apporté par Constance.

CONTARINI.

Sans doute à vos devoirs vous avez réfléchi?

BLANCHE.

Mes prières, Seigneur, ne vous ont pas fléchi?

CONTARINI.

Il est tems d'obéir à mon ordre suprême.

BLANCHE.

Mon père, écoutez-moi!

CONTARINI.

   Ma fille, à l'instant même,
Il faut de la raison entendre enfin la voix;
Il faut serrer les nœuds que vous prescrit mon choix.
Tout le veut: l'intérêt, l'honneur vous le commandent.
Tout est prêt: le pontife et l'époux vous attendent:
Ils vont entrer.

BLANCHE (avec fermeté.)

   Seigneur, eh! pourquoi le cacher?
Aucune autorité ne pourra m'arracher
Un serment dont mon cœur s'épouvante et murmure;
Non, jamais cet autel ne me verra parjure.

CONTARINI.

A mes ordres ainsi vous désobéissez ?

BLANCHE.

A mes larmes ainsi vous vous endurcissez !

CONTARINI.

Tremblez si j'ai recours au moyen qui me reste.

BLANCHE.

La mort ! je la préfère à cet hymen funeste.

CONTARINI.

Le tems presse : abrégeons des discours superflus... 1
Écoutez, frémissez, et ne résistez plus.
Du Ciel, en tous les tems, la vengeance implacable,
A frappé tôt ou tard sur un enfant coupable.

BLANCHE.

Eh ! bien ?

CONTARINI.

Malheur à vous ! De ce cœur outragé,
De ce cœur paternel, l'honneur est engagé ;
Et si dans vos refus vous persistez, rebelle,
Vous couvrez mes vieux ans d'une honte éternelle.
Mais sachez quel fléau vous attirez sur vous:
Ou l'heureux Capello deviendra votre époux ;

Ou n'écoutant plus rien qu'une fureur sinistre,
Devant l'époux, l'autel, les témoins, le ministre,
Devant Dieu!.... qui punit toute rebellion,
Je vous donne à jamais ma malédiction.

BLANCHE.

Mon père, vous pourriez?....

CONTARINI.

Vous bravez ma colère;
Braverez-vous le Ciel?

BLANCHE.

Jamais, jamais, mon père!

CONTARINI.

On entre: choisissez.

SCÈNE VI.

CONTARINI, BLANCHE, CAPELLO, UN PRÊTRE,
DES TÉMOINS, DES DOMESTIQUES *avec des flam-*
beaux.

CONTARINI.

Ministre des autels,
Venez, et consacrez ces liens solennels;
Qui rendent un héros à ma noble famille.
(A Capello.)   *(A Blanche.)*
Approchez-vous, mon fils: approchez-vous, ma fille.

LE PRÊTRE.

Au nom du Dieu vivant, Blanche, promettez-vous
De prendre Capello pour légitime époux ? (16)

CONTARINI (*d'un ton menaçant, mais contraint.*)

Ma fille !

CAPELLO.

Acceptez-vous la main que je vous donne?

CONTARINI (*avec le même ton.*)

Ma fille ! répondez.

BLANCHE.

La force m'abandonne.
Je me meurs.
(*Elle s'évanouit dans les bras du prêtre et de Capello,
qui la placent dans un fauteuil.*)

CAPELLO.

Blanche! ô Ciel ! sur son front éperdu,
Seigneur, quel froid mortel soudain s'est répandu !

CONTARINI (*avec inquiétude.*)

Ne craignez rien, Seigneur.

CAPELLO.

Je ne suis pas le maître
Des soupçons qu'en mon cœur son trouble fait renaître.

Ce doute qui déjà l'avait fait hésiter,
A mes vœux jusqu'ici vient-il la disputer?

CONTARINI (à demi-voix.)

Modérez-vous , on vient.

SCÈNE VII.

CONTARINI, CAPELLO , BLANCHE, LE PRÊTRE, CONSTANCE , PISANI, SUITE.

CAPELLO.

Quel est le téméraire ?

CONTARINI (à demi-voix.)

De nos justes arrêts c'est le dépositaire.
Partout il peut entrer.

PISANI (bas à Contarini.)

Un triste événement
Au tribunal des Trois vous appelle à l'instant.

CONTARINI.

Quel est-il ?

PISANI.

A l'instant Montcassin vient d'enfreindre
Cette loi que tout noble à jamais devait craindre.

CONTARINI.

Montcassin !

PISANI.

Prêt à fuir par des détours obscurs,
Du palais de Bedmar il franchissait les murs.
Au tribunal, Seigneur, il attend sa sentence.

(Il sort.)

SCÈNE VIII.

CONTARINI, CAPELLO, BLANCHE, LE
PRÊTRE, CONSTANCE, SUITE.

CONTARINI *(bas à Capello.)*

Seigneur, confions Blanche au secours de Constance,
Déjà renaît la vie en ses sens égarés.
Bientôt nous renoûrons ces nœuds plus assurés.

(haut.)

Pontife et vous amis, veuillez avant l'aurore
Dans ce même palais vous retrouver encore.

(à Capello.)

Seigneur, la loi commande.

SCÈNE IX.

BLANCHE, CONSTANCE.

BLANCHE *(revenant à elle par degrés.)*

Oh! l'horrible sommeil!
L'épouvantable songe!

CONSTANCE.

Ah ! frémis du réveil !

BLANCHE.

Qu'ai-je vu ? qu'ai-je fait ? Éclaircis ce mystère !
C'est devant cet autel, c'est en ce sanctuaire,
Qu'un époux, un pontife, un père menaçant....
Je crois entendre encor son redoutable accent....
L'amour m'a-t-il soustraite à cet horrible piége ?
Suis-je amante infidèle... ou fille sacrilége ?
Tu ne me réponds pas ?

CONSTANCE.

Malheureuse !

BLANCHE.

Poursuis.

CONSTANCE.

Je n'en ai pas la force.

BLANCHE.

Apprends-moi qui je suis.

CONSTANCE.

Des femmes à jamais la plus infortunée.

BLANCHE.

Serait-il accompli cet horrible hyménée ?

CONSTANCE.

Non; mais pour ton amour tout s'est évanoui.

BLANCHE.

Que dis-tu?

CONSTANCE.

Ton amant....

BLANCHE.

Il est dans les fers?

CONSTANCE.

Oui.

BLANCHE.

En est-ce assez, grand Dieu !

CONSTANCE.

Du palais homicide
Qu'il avait traversé d'une course rapide,
Déjà le malheureux avait franchi les murs;
Quand tout-à-coup quittant ses asiles obscurs,
Des agens du Conseil la cohorte inhumaine
A mes yeux effrayés, l'environne, l'enchaîne
Et voilé d'un manteau, le porte au même instant
Au sanglant tribunal où son arrêt l'attend.

BLANCHE (avec calme.)

Je l'y suivrai.

CONSTANCE.

Ma fille, et que prétends-tu faire ?

BLANCHE.

Je veux connaître aussi ce Conseil sanguinaire.

CONSTANCE.

Bannis ce vain projet de ton cœur abusé.

BLANCHE.

Comme au forfait, j'ai droit au sort de l'accusé.

CONSTANCE.

L'on n'aura pas sitôt oublié quel service.....

BLANCHE.

Le Conseil connaîtra son crime et sa complice.

CONSTANCE.

Les trois Inquisiteurs qu'y rassemble la loi,
Comme du peuple entier sont inconnus de toi. (17)

BLANCHE.

Ils sont hommes au moins malgré leur ministère ;
Ils ont aimé... Sont-ils plus cruels que mon père ?

CONSTANCE.

Crains la publicité.

BLANCHE.

C'est mon unique espoir.
Contre l'abus qu'un père a fait de son pouvoir,
L'opinion publique est mon dernier refuge.
Réveillée à ma voix, qu'elle entende et nous juge.
Et puis quel est le but de ce dernier effort ?
Revoir un malheureux et partager son sort.
En vain tu combattrais une si juste envie :
A mon honneur, Constance, il immole sa vie ;
Par son exemple instruite ou plutôt par mon cœur,
S'il le faut, à sa vie immolons mon honneur.
Faisons pour l'arracher à ce péril extrême,
Faisons,.... ce qu'à ma place il aurait fait lui-même.

Fin du quatrième Acte.

ACTE V.

Le théâtre représente le lieu de l'assemblée du conseil des Trois. Trois siéges noirs sont préparés pour les Inquisiteurs, sur une estrade tendue de noir. Le greffier est placé au-dessous d'eux, devant une table. L'accusé se tient debout. La chambre est peu profonde, et sombre sans être obscure. Un voile noir ferme le fond du théâtre.

SCÈNE PREMIÈRE.

MONTCASSIN, PISANI.

PISANI.

SE peut-il que la fin d'un jour si glorieux
En criminel d'état vous conduise en ces lieux !
Vous, à qui d'un complot on doit la découverte,
Vous, vengeur de Venise, avoir tramé sa perte !
Non : quoique Montcassin n'ait pas encor daigné
Confondre les soupçons dont il est indigné,

Je l'ai compris: la paix de ce front magnanime
Ainsi qu'à la faiblesse est étrangère au crime;
Et d'avance à mes yeux elle a justifié
Ce cœur par l'apparence en vain calomnié.

MONTCASSIN.

Quel est cet appareil terrible, funéraire?

PISANI.

C'est du Conseil des Trois l'appareil ordinaire.

MONTCASSIN.

Ce Conseil redoutable ici se réunit?

PISANI.

C'est ici qu'il prononce, et c'est là qu'il punit.
(Il montre le voile du fond du théâtre.)

MONTCASSIN.

Et les Inquisiteurs vont-ils bientôt paraître?

PISANI.

Ils s'assemblent.

MONTCASSIN.

M'est-il permis de les connaître?

PISANI.

Lorédan, Capello, Contarini.

MONTCASSIN.

Grands Dieux !

PISANI.

Vous vous troublez ! ces noms vous sont-ils odieux ?
Trop souvent, ils est vrai, deux vieillards trop rigides,
Dans toute leur rigueur prendraient nos lois pour guides,
Si dans ce tribunal, dont la sévérité
Ne peut rien prononcer qu'à l'unanimité,
Du sage Capello les vertus moins austères
Ne calmaient l'âpreté des autres caractères.
Espérez tout. Illustre autant que malheureux,
Quels droits n'avez-vous pas sur son cœur généreux ?
Dans ce moment surtout est-il rien qu'il n'emploie
Pour finir un malheur qui vient troubler sa joie ?
Et dans le tribunal s'il se fait votre appui,
Contarini bientôt agirait comme lui.
Puisqu'il a pour fléchir ce juge trop sévère
Tout l'ascendant qu'un fils peut avoir sur son père.

MONTCASSIN.

Contarini, son père ! Ami, que dites-vous ?

PISANI.

Que Capello, de Blanche est devenu l'époux.

MONTCASSIN.

Et quand donc ?

PISANI.

Cette nuit.

MONTCASSIN.

Votre erreur est extrême.

PISANI.

Je suis trop bien instruit.

MONTCASSIN.

Qui l'aurait vu ?

PISANI.

Moi-même,

A l'instant : car enfin je puis vous faire part
D'un secret qu'après tout je ne dois qu'au hasard.
Devant les seuls témoins appelés par l'usage,
Un prêtre bénissait le nœud qui les engage,
Lorsque j'ai pénétré dans l'asile écarté...

MONTCASSIN.

Blanche ?

PISANI.

On vient.

MONTCASSIN.

(Avec le plus profond désespoir.)
Blanche ! Ah Dieux ! mon arrêt est porté.

PISANI.

Auprès de cette salle au Conseil réservée,
Allons du dernier juge attendre l'arrivée.

SCÈNE II.

CONTARINI, CAPELLO.

CAPELLO.

Pourquoi me révéler un secret si fatal ?
Pourquoi m'apprenez-vous qu'il était mon rival ?
Lorsque mon indulgence est son dernier refuge,
En amant irrité pourquoi changer son juge ?

CONTARINI.

Sur celui que déjà vous osiez soupçonner,
Vous ai-je rien appris qui vous doive étonner ?

CAPELLO.

Dès longtems, il est vrai, le soupçon me dévore ;
Mais je le combattais, mais je doutais encore...
Et qu'importe après tout son malheureux amour !...
S'il avait obtenu le plus léger retour,
Par les ordres d'un père, à le trahir contrainte,
Blanche eût-elle épargné la prière ou la plainte ?
Mais ces délais, Seigneur, mais ce trouble mortel,
Qui l'a précipitée aux marches de l'autel....

Ne m'entendez-vous pas ?.... De ce secret funeste,
Pourquoi craindriez-vous de m'apprendre le reste ?
Dans l'accablant malheur que je viens d'entrevoir,
Qui n'ignore pas tout aspire à tout savoir.
J'en sais trop ou trop peu.... Consommez votre ouvrage:
A son dernier excès laissez monter ma rage :
Dans ce cœur déchiré versez tout le poison
Qui doit me délivrer d'un reste de raison :
Je le veux. Ce cruel que le crime nous livre,
Ce traître est-il aimé ?

CONTARINI.

Quel transport vous enivre ?
D'un époux irrité quand vous avez les droits,
Qui moi ? j'augmenterais le trouble où je vous vois!

CAPELLO.

Ah ! je vous épouvante. Ah ! si vous pouviez lire
Dans ce cœur malheureux quel combat le déchire,
Je vous ferais pitié bien plus, hélas! qu'horreur;
Je suis homme enfin, j'aime et j'aime avec fureur;
Mais je n'ai pas perdu ma vertu toute entière.
Oui, refusez-la moi cette affreuse lumière,
Qu'implorait follement un amant éperdu.
Un mot, et l'accusé peut-être était perdu !
Ne le prononcez pas.

CONTARINI.

En cette circonstance,
La rigueur ne peut rien non plus que l'indulgence;
Et l'accusé déjà condamné par la loi,
Ne dépend en effet ni de vous ni de moi.

SCÈNE III.

LORÉDAN, CAPELLO, CONTARINI, PISANI,
DONATO.

CONTARINI.

Plaçons-nous.

(Les juges s'asseyent.)

LORÉDAN.

Pisani, que l'accusé s'avance.
(Pisani fait signe à Donato, qui est resté à la porte,
de faire entrer Montcassin.)

SCÈNE VI.

CONTARINI, LORÉDAN, CAPELLO, MONTCASSIN,
PISANI *(assis et écrivant l'interrogatoire).*

LORÉDAN.

Votre nom ?

MONTCASSIN.

Montcassin.

LORÉDAN.

Votre pays?

MONTCASSIN.

La France.

LORÉDAN.

Votre rang ?

MONTCASSIN.

Aujourd'hui noble Vénitien.

LORÉDAN.

Une loi redoutable, à tout patricien
Avec les envoyés des puissances diverses ,
Sous peine de la vie, interdit tous commerces. (18)
Vous la connaissiez ?

MONTCASSIN.

Oui.

LORÉDAN.

Cependant cette nuit ,
Au palais d'un ministre en secret introduit ,
Vous l'avez transgressée ?

MONTCASSIN.

Il est vrai.

CAPELLO.

Quelle excuse
Peut alléger ce crime?

MONTCASSIN.

Aucune.

CAPELLO.

Ou je m'abuse,
Ou vous n'agissiez pas sans un grand intérêt?

MONTCASSIN.

Le crime est évident.

LORÉDAN.

La cause?

MONTCASSIN.

Est mon secret.

CAPELLO.

Songez qu'un seul oubli, dans cette circonstance,
Peut en sévérité changer notre indulgence.

MONTCASSIN.

Je le sais.

CAPELLO *(montrant le procès-verbal.)*

Aux aveux que cet écrit contient,
Que supprimez-vous donc, ou qu'ajoutez-vous?

MONTCASSIN.

Rien.

CAPELLO.

Songez qu'à ces aveux il vous faudra souscrire.

MONTCASSIN.

J'y suis prêt. *(Il signe.)*

LORÉDAN.

Qu'un instant l'accusé se retire.

(Pisani le conduit derrière le voile du fond.)

SCÈNE V.

CAPELLO, LORÉDAN, CONTARINI.

LORÉDAN.

Vous avez entendu, nobles Inquisiteurs.
C'est à vous de juger.

CONTARINI.

Croyez-moi, Sénateurs,
Devant ce tribunal je n'ai pas vu sans peine
Le jeune audacieux que la loi seule y mène;
Je n'ai pas oublié que sur le même front,
Qu'aujourd'hui déshonore un immortel affront,
Du soldat, du vainqueur, la couronne héroïque
Hier se mariait à la palme civique.
Mais l'État qui fut juste envers son défenseur,
Pourrait-il ne pas l'être envers le transgresseur?

Les lois sont devant nous : le peuple nous contemple :
Deux fois dans le même homme offrons un grand exemple ;
Et qu'aux ambitieux ce jour laisse à penser,
Que nous savons punir comme récompenser.
Je prononce la mort.

CAPELLO.

La mort ! Je dois le dire,
A vôtre avis, Seigneur, je suis loin de souscrire.
Craignons par cet arrêt au moins précipité,
D'égaler l'accusé dans sa témérité.
Sans doute, en le perdant, nous servons la patrie ;
Mais, si nous le sauvons, l'aurons-nous moins servie ?
Quels que soient ses aveux, avant que ma raison
Dans sa témérité trouve une trahison,
J'aurai sur ses projets obtenu quelques preuves.
Le sort qui nous soumet à d'étranges épreuves,
Un jour trop tard souvent se plait à nous offrir
Cette conviction que je veux acquérir.
Je l'attendrai, Seigneur, avant que de résoudre
Si je dois condamner, ou si je puis absoudre.

LORÉDAN.

Et n'avez-vous donc pas entendu l'accusé ?
Quand sur ses projets même il se fût excusé,
Je suis loin de penser qu'il fût moins condamnable :
Qui transgresse la loi ne peut qu'être coupable.

Quoi qu'il eût allégué pour affaiblir son tort,
Alors comme à présent j'aurais voté la mort.
Votez à votre tour, c'est moi qui vous en somme.

CAPELLO.

Juge, il est toujours tems de condamner un homme, (19)
Mais non pas tems toujours de sauver l'innocent.

CONTARINI.

Sur ce devoir, Seigneur, j'insiste en gémissant.
Il faut voter.

CAPELLO.

Exempt de remords et d'alarmes,
Nul arrêt jusqu'ici ne m'a coûté de larmes.
Je n'en veux pas verser.

LORÉDAN.

N'en verserez-vous pas,
Quand vous verrez les fruits de ces trop longs débats,
De l'obstination, par vous seul opposée
Aux rigueurs d'une loi désormais méprisée ?
Au nom du bien public, de votre probité,
Prévoyez quels malheurs suivraient l'impunité.
Le rebelle, enhardi, rappelé dans nos villes,
Le sénat avili par des lois inutiles,
Les complots ranimés, et l'or des étrangers
Achetant nos secrets et payant nos dangers :

Voilà ce que promet votre indulgence extrême
Pour un audacieux qui s'accuse lui-même :
Voilà tous les malheurs dont vous me répondez.

CAPELLO.

Magistrat, c'est à tort qu'ainsi vous confondez
Avec un vrai refus un délai nécessaire....

CONTARINI.

Souffrez-vous, Capello, que ma voix vous éclaire ?

CAPELLO.

Parlez.

CONTARINI. *(à part, à demi-voix.)*

De votre cœur connaissez-vous l'état ?
Après la preuve, après l'aveu de l'attentat,
Vous n'hésiteriez pas à frapper un perfide ;
Si, juge d'un rival, votre vertu timide,
Ne craignait, en signant un arrêt mérité,
D'obéir à l'amour bien plus qu'à l'équité.
Criminel par vertu dans votre rang auguste,
Ainsi pour être grand vous cessez d'être juste.
Songez-y.

CAPELLO.

Malgré moi mon cœur se sent troubler.

CONTARINI. *(d'un ton terrible.)*

Songez-y, Capello.

CAPELLO.

,Vous me faites trembler.

SCENE VI.

CONTARINI, CAPELLO, LORÉDAN, PISANI.

CAPELLO.

L'accusé , Pisani, rompra-t-il le silence?

PISANI.

Constant dans ses aveux, il attend sa sentence.

CAPELLO *(avec douleur et surprise.)*

Il ne se défend pas?

PISANI.

La loi règle son sort,

Dit-il.

CAPELLO *(avec douleur et résignation.)*

C'est donc la loi qui prononce sa mort.
(Il hésite et signe en tremblant la sentence.)

CONTARINI *(examine Capello ; et sitôt que ce dernier
a signé, il dit bas à Pisani:)*

La loi l'ordonne; allez, que l'arrêt s'accomplisse.
*(Pisani sort, et passe derrière le rideau , après avoir
reçu la sentence des mains de Lorédan.)*

SCÈNE VII.

CAPELLO, LORÉDAN, CONTARINI.

CAPELLO.

L'intérêt général veut ce grand sacrifice ;
Je ne fais qu'accomplir la volonté des lois ;
J'en suis épouvanté pour la première fois :
 (à Lorédan et Contarini :)
Tempérons leur rigueur en cette circonstance ;
Différons jusqu'au jour l'effet de la sentence :
Le délai sera court. L'aurore n'est pas loin ;
Attendons jusqu'au jour, et peut-être...

SCÈNE VIII.

LORÉDAN, CAPELLO, CONTARINI, DONATO.

DONATO.

    Un témoin,
Seigneur, sur l'accusé, son crime, et ses complices
Apporte un nouveau jour et d'importans indices.

CAPELLO.

Qu'il paraisse.

 (Donato fait entrer Blanche, et sort.)

SCÈNE IX ET DERNIÈRE.

LORÉDAN, CAPELLO, CONTARINI,
BLANCHE (voilée.)

LORÉDAN.

Une femme !

BLANCHE (se dévoilant.)

Oui. Je viens à vos yeux.

CAPELLO.

Blanche !

CONTARINI.

Ma fille, ô Ciel !

BLANCHE.

Vous, ses juges ! Grands Dieux !

CONTARINI.

Juges, dans mon palais souffrez qu'on la ramène.

CAPELLO.

Sans doute un grand effort en ce séjour l'entraîne.
Juges, ne troublez pas son intrépidité.

LORÉDAN.

Madame, expliquez-vous avec tranquillité.

Sur l'accusé, son crime et ses secrets complices
Vous nous avez promis de donner des indices:
Parlez.

BLANCHE.

Sur l'accusé soyez donc satisfait.
Son crime c'est l'amour; l'hymen fut son projet;
Sa complice c'est moi.

CAPELLO (accablé.)

Vous !

CONTARINI.

C'en est trop, perfide !
Quel que soit l'intérêt qui dans ces lieux vous guide,
Dans vos lâches projets tremblez de persister.
Sortez du tribunal.

BLANCHE.

J'ai le droit d'y rester.
Magistrats abusés, souffrez qu'on vous éclaire;
Je suis devant mon juge et non devant mon père.

CAPELLO.

Poursuivez, poursuivez.

BLANCHE.

L'accusé, cette nuit,
Fut dans notre palais par moi-même introduit.

Là , pour calmer sa flamme inquiète et jalouse,
Je m'engageais à lui par les sermens d'épouse,
Devant ce même Dieu , devant ce même autel ,
Qui depuis... quand j'apprends, dans un trouble mortel,
Qu'aux lieux d'où mon honneur veut qu'un imprudent sorte
Mon père accourt, suivi d'une nombreuse escorte.
Le palais de Bedmar , ce repaire odieux ,
Pouvait seul dérober sa fuite à tous les yeux :
Plus puissant que la loi , dans ce moment funeste,
L'amour l'y précipite , et vous savez le reste.

CONTARINI.

Sans respect pour les nœuds qui doivent te lier,
Devant ce tribunal est-ce assez publier
L'opprobre de ton père et ta propre infamie ?
    (Aux inquisiteurs :)
Mais vous, dont la prudence est surtout ennemie
Du détour inutile où l'on veut l'égarer,
D'avec la vérité vous savez séparer
Le mensonge inventé pour sauver un perfide.
Songez, surtout, songez que la loi qui vous guide
Dans le rebelle ici frappant un suborneur,
D'un père et du sénat vient de venger l'honneur.

LORÉDAN.

Tel est mon sentiment ; il est irrévocable.

CONTARINI.

Comme le mien.

CAPELLO.

Et moi, dussé-je être coupable,
Dût cet ordre à forfait par vous m'être imputé,
Je défends que l'arrêt ne soit exécuté.

BLANCHE.

Il serait condamné!

CAPELLO.

Son péril est extrême;
Mais on peut l'y soustraire.

LORÉDAN.

Eh quoi!

CAPELLO.

Je cours moi-même,
A cet infortuné prêtant un sûr appui,
Me placer, s'il le faut, entre la mort et lui.

BLANCHE.

Je vous suis.

CONTARINI.

Arrêtez.

CAPELLO.

En vain tu les sépares;

Ils se réuniront.
(*Il tire le voile du fond. On apperçoit Montcassin*
étranglé.)

Dieux ! qu'ai-je vu ! barbares !

BLANCHE (*se jettant sur le corps de son amant.)*

Montcassin ! Montcassin !

CONTARINI.

Ma fille !

CAPELLO.

Malheureux !

Tu n'en as plus !... Approche, et vois-les tous les deux
Semblables à la tombe insensible, immobile,
Qui contre tes fureurs va leur servir d'asile.

CONTARINI (*veut en vain relever Blanche.)*

Ma fille !

CAPELLO.

En paix, du moins, laisse-la sommeiller.
Pourquoi donc, insensé, voudrais-tu l'éveiller ?
Sais-tu quelque lien qui l'attache à la terre ?
Elle n'a plus d'amant, et n'eut jamais de père.
Père et juge assassin ! dans ta férocité,
Ainsi tu te jouais de ma crédulité !
Plus cruel que la loi dont tu me rends complice,
Ainsi, pour l'assurer tu pressais le supplice.

Je te connais enfin... le voile est déchiré :
Mais si j'eus part au crime, au moins je l'expîrai.
C'est peu que d'abdiquer mon sanglant ministère,
Je cours de tant d'horreurs dénoncer le mystère ;
Et si l'âge présent m'entendait sans punir,
Ma voix retentira du moins dans l'avenir.
Puisse un jour cette voix, éternisant vos crimes,
Susciter un vengeur à tant d'autres victimes,
A tant d'infortunés dans la fange enterrés,
Ou sous nos toits brûlans du soleil dévorés ! (20)
Puissent les longs forfaits du pouvoir arbitraire (21)
Bientôt s'anéantir avec leur sanctuaire ;
Avec ce tribunal entouré d'échafauds,
Où j'ai siégé moi-même au milieu des bourreaux !

FIN DES VÉNITIENS.

NOTES et REMARQUES

pour la tragédie des Vénitiens.

---

(1) Marino Falieri.

Ce doge, âgé de soixante et seize ans, avait une femme jeune
et belle. Michel Steno excita, dans un bal, la jalousie de ce vieillard ; ce n'était cependant pas de l'épouse du doge, mais d'une
des femmes de sa maison qu'il était occupé : soit que Falieri en
jugeât autrement, soit qu'il fût blessé des manières peu décentes
de Steno, il fit à ce patricien l'affront de l'exclure de l'assemblée.
Steno, dans un premier mouvement de colère, écrivit sur le trône
ducal même, ces lignes injurieuses au doge et à son épouse :

» *Marin Falieri, dalla bella moglie altri la gode ed egli la*
» *mantiene.* »

Sanuto, Vita dei Duchi.

Le sénat ayant traité Steno avec trop d'indulgence au gré du
mari outragé, celui-ci résolut de se venger tout à la fois du coupable et des juges. De concert avec des plébéiens, il forma une
conspiration contre le corps entier de la noblesse. Le complot fut
découvert la veille du jour où il devait éclater. Nous avons dit ailleurs avec quelle célérité cette affaire a été instruite et jugée : le doge
fut décapité au bas de l'escalier du palais de St. Marc, et plus
de quatre-cents conjurés périrent dans les supplices.

On voit encore à Venise un monument du règne, du crime et du
châtiment de Falieri. Autour de la salle où s'assemblait le sénat,
est une frise où sont les portraits de tous les doges : le cadre de
celui-ci est rempli par un voile noir, sur lequel on lit cette inscription tracée en lettres sanglantes : » *Hic locus Marini Falieri,
decapitati pro criminibus.* » « Ici est la place de Marino Falieri,
décapité pour ses crimes. »

Ces événemens se sont passés du 14 au 17 Avril 1355.

(2) BUONAPARTE (a).

Ce n'est pas l'homme qui porte ce nom, mais ce nom même qui est l'objet de cette note: nous invitons les lecteurs à ne pas tirer de fausses conséquences de la manière dont il est écrit. Une lettre de plus ou de moins n'est pas ici sans importance, comme on sait: tel journaliste, tel biographe ne saurait écrire BONAPARTE sans un u; c'est l'orthographe consacrée. Si l'auteur des *Vénitiens* semble l'adopter, qu'on ne se presse pas d'en conclure que ce soit par respect ou par déférence pour cet usage; il a cru seulement devoir se conformer à la manière dont l'homme qui a rendu ce nom si célèbre, le signait lorsqu'un de ses concitoyens lui fit un hommage si gratuit de son succès. En effet, ce n'est pas au consul, ce n'est pas à l'empereur, ce n'est pas même au général, que les *Vénitiens* sont dédiés; c'est à BUONAPARTE. S'il est une manière de ridiculiser ce nom, nous ne pensons pas que ce soit en l'écrivant tel qu'il se trouve au bas des traités de *Turin*, de *Léoben* et de *Campo-Formio*.

(a). *Je me plais à penser qu'on n'aura pas été étonné de retrouver ici cette épitre: je la relis après dix-huit ans, et n'y vois rien que je croie pouvoir effacer sans lâcheté. Cette pièce prouve d'ailleurs que ces éloges de* BUONAPARTE *n'étaient pas le résultat d'un calcul, mais l'expression d'un sentiment, qui, antérieur à l'époque de la puissance de ce prince, n'a pas expiré avec elle.*

Les frères biographes m'ont représenté, dans leur libelle diffamatoire, comme flatteur de BUONAPARTE. *Est-ce parceque je l'ai presque autant loué, dans la totalité de mes ouvrages, que Mr. Michaud, lecteur du roi, dans un seul des siens? A cela je répondrai que si c'est être le flatteur d'un homme que de dire de lui le bien qu'on en pense, l'inculpation des frères n'est que trop fondée. Je n'ai pas, il est vrai, comme l'un d'eux, comme l'auteur du 13me. chant de l'Énéide, l'excuse de n'avoir rien pensé de ce que j'adressais à l'empereur; l'excuse de n'avoir voulu, en le chantant, que gagner honnétement* QUELQUES MILLIERS D'ÉCUS.

Je n'ai rien dit, j'en conviens, que je n'aie pensé, que je ne pense encore. Mais c'est très-gratuitement que j'ai été courtisan de la gloire, comme très-gratuitement je suis courtisan du malheur.

(Note de l'auteur)

(3) Membre de la première société savante et littéraire de l'Europe, n'en faites-vous pas votre plus beau titre ?

Buonaparte, dans ses proclamations, prenait alors le titre de membre de l'Institut, et le mettait en tête de ceux que lui donnaient son grade et ses fonctions.

(4) Le vénérable auteur de *Paul* et *Virginie*.

Bernardin de St. Pierre, auteur des *Études de la nature*, dont l'histoire de *Paul et Virginie* fait partie. Qui ne connaît ce chef-d'œuvre ? qui ne connaît aussi la *Chaumière indienne*, petit roman philosophique, plein d'esprit, de raison et de sentiment ? Les divers écrits sortis de la plume de cet auteur, sont recommandables surtout par le charme et la pureté d'un style non moins élégant que celui de *Rousseau*, mais beaucoup plus naturel.

Bernardin, à l'époque dont il s'agit, était de la société du vainqueur de l'Italie : il en fut écarté depuis par l'influence d'un savant, qui crut devoir le persécuter pour avoir sur certains objets de physique des théories opposées aux siennes ; aussi *Bernardin* n'a-t-il été ni sénateur ni comte.

Physicien et naturaliste souvent hétérodoxe, *Bernardin* n'en est pas moins un écrivain du premier ordre ; à ce titre il avait droit à tous les honneurs dont son loyal détracteur a été comblé.

L'empereur lui accorda une pension médiocre sur le *Journal de l'Empire*, feuille où il était habituellement déchiré. « Ce qui me plait surtout en ceci, mon ami, disait *Bernardin* à l'auteur des *Vénitiens*, c'est que voilà les chiens qui me mordent, obligés de tourner ma broche. »

Ce grand écrivain est mort en 1811.

(5) L'auteur d'*Agamemnon*.

Mr. *Lemercier*, auteur d'un grand nombre d'ouvrages de différens genres ; *Agamemnon* seul aurait suffi à sa réputation.

(6) Le chantre d'*Abel*.

Légouvé. Voyez les notes sur la tragédie d'*Oscar*.

(7) L'énergique et bon *Ducis*.

Poëte tragique doué d'un génie tout particulier, et à qui il n'a manqué, pour être toujours au plus haut rang, que d'avoir su concevoir et exécuter une pièce, comme il concevait et exécutait une scène. On n'avait pas porté le pathétique si loin avant lui. Malgré ses défauts, cet homme, que l'on croit imitateur de *Shakespeare*, et qui est souvent aussi original, a sur la scène une place à-part.

Ducis, recherché par Buonaparte, répondit d'abord à ses avances ; mais dès que le général fut devenu chef de l'état, les sentimens que lui portait le poëte s'affaiblirent, et se changèrent définitivement en aversion lorsque le consul se fut fait empereur. *Ducis* ne voulut être ni du sénat ni de la légion d'honneur ; deux mots expliquent sa conduite : le consulat détruisait la république ; le sénat vivait des biens du clergé : comme *Milton*, *Ducis* était dévot et indépendant jusqu'au fanatisme.

Il est mort en 1815.

(8) Un conseil de Buonaparte devait produire une victoire.

En effet, le poëte, enhardi par les observations du général, en revint à ses premières idées, et osa substituer à un dénouement heureux, le dénouement terrible qu'il avait conçu d'abord.

(9) Bresse.

Brescia, capitale du Bressan, l'une des provinces que les Vénitiens possédaient en terre ferme. Bresse fut prise et saccagée par l'armée de Louis XII. Nous ne rappellerions pas cette circonstance, si le souvenir de toutes les vertus de Bayard ne s'y rattachait.

(10) Inscrit au livre d'or.

On appelait ainsi à Venise, le registre sur lequel étaient conservés les noms des familles patriciennes. L'inscription au livre d'or était la plus grande preuve de reconnaissance que la république crût pouvoir accorder à un particulier, comme la plus grande preuve de courtoisie qu'elle crût pouvoir donner à un souverain.

(11) Bedmar.

Alphonse de la Cueva, marquis de *Bedmar*, ambassadeur d'Espagne auprès de la république de Venise : il trama, dit-on, de concert avec le duc d'Ossonne, vice-roi de Naples, et D. Pédro de Tolède, gouverneur de Milan, une conspiration, dont le but était d'asservir Venise à la domination espagnole. L'histoire de cette conspiration, écrite par *Saint-Réal*, est un chef-d'œuvre. *Otway* y a puisé le sujet de sa tragédie de *Venise Sauvée*, et *Lafosse* celui de *Manlius*.

(12) Aux espions titrés . . .

Les républicains, dès longtems, ont été portés à voir avec méfiance les ambassadeurs des monarques. BRUTUS dit :

> « *L'ambassadeur d'un Roi m'est toujours redoutable ;*
> » *Ce n'est qu'un espion sous un titre honorable.* »

Les Vénitiens et les Romains n'avaient pas absolument tort : les ambassadeurs n'ont pas toujours pris les voies les plus droites pour arriver à leur but ; mais, comme on sait, le but ennoblit tout, et tout est justifié par le succès.

(13) Au temple de Saint-Marc.

C'est l'église ducale (*la chiesa ducale*). Le corps de St Marc repose dans cette vieille basilique, où il fut transporté vers le neuvième siècle. Cette précieuse relique appartenait antérieurement

à l'église d'Alexandrie d'Egypte; des marchands vénitiens s'en empa-
rèrent en substituant au corps de St Marc celui de St Claude, saint
moins recommandable, quoiqu'il ait son mérite. Depuis cette trans-
lation un peu frauduleuse, cet évangéliste est devenu le patron de
Venise : l'effigie du saint, ou de son lion, se retrouve sur les mon-
naies, sur les drapeaux, sur les monumens; il en est même où
l'on voit le doge à genoux devant le lion ailé, symbole de la république.

C'est d'après ces notions que l'auteur fait dire à Contarini,
dans le premier acte des *Vénitiens*, que Capello

> Du lion *plus terrible étendit la puissance*
> *De la mer de Venise à la mer de Bysance.*

(14) Par mes soins, par mon lait enfin, je suis ta mère.

La tendresse d'une nourrice, souvent aussi vive que celle d'une
mère, est rarement aussi délicate : c'est une espèce d'affection ani-
male que le sentiment des convenances et de la dignité modifient
bien faiblement. L'auteur des *Vénitiens* avait besoin de l'entremise
d'un personnage de ce genre pour la conduite de son intrigue :
une mère eût été vile et repoussante, là où une nourrice n'est que
faible et excusable.

(15) Qui ferme à deux parens l'accès du même emploi.

La loi vénitienne défendait que deux parens siégeassent ensemble dans le même tribunal. Le but du législateur se comprend
assez ; ce n'était pas la plus mauvaise loi de la république.

(16) Au nom du Dieu vivant, Blanche, promettez-vous
De prendre Capello pour légitime époux?

Par cette interpellation, on a cherché à rappeler la formule usitée
dans le rite catholique, pour les mariages. L'intervention du pontife dans cette scène, n'est pas oiseuse; elle porte au plus haut
degré l'intérêt de la situation, et n'a rien en soi. qui blesse le

respect dû à tout ministre du culte, intention de tous tems fort étrangère à l'auteur. Il lui a fallu, cependant, pour maintenir ce prêtre au théâtre, combattre des scrupules, produits, il est vrai, par un fanatisme qui n'était rien moins que religieux. Nous ne savons quel motif avait réveillé, dans les agens du gouvernement, l'esprit de persécution contre les prêtres; mais on les recherchait avec plus de rigueur que jamais. La police ayant appris qu'il en paraissait un dans la tragédie qu'on étudiait, voulut avoir communication du manuscrit. Fort de la loi qui dispensait de toute censure l'auteur assez sûr de lui pour se rendre responsable des inconvéniens qui pourraient résulter de la représentation de son ouvrage, M.ʳ *Arnault* refusa d'obtempérer à l'invitation de la police; mais la direction du théâtre, qui avait intérêt à ménager une autorité avec laquelle elle était en frottement continuel, fit clandestinement la communication désirée. Il n'y avait alors qu'un censeur à la police : maître une fois du manuscrit, il s'escrima comme quatre. D'abord, il supprima comme injurieux au gouvernement ces vers toujours et partout bons à répéter :

> *Malheur à tout pouvoir qui croit par l'injustice*
> *De sa grandeur sanglante assurer l'édifice ;*
> *Il croulera bientôt avec son faible appui,*
> *Et le sang innocent retombera sur lui.*

Vient l'article du prêtre. Fort scandalisé de ce que ce bon ecclésiastique n'était pas représenté comme un fanatique, et se renfermait modestement dans les plus étroites limites de ses fonctions, le censeur décide qu'il était de mauvais exemple de recourir à l'église en pareille circonstance, et que, conformément aux lois françaises de 1793, ce mariage avait dû être fait, à Venise, en 1618, devant les autorités civiles. L'auteur, très-instruit de sa religion, n'était pas assez ignorant en fait d'histoire, pour souscrire à cette décision : il déclara que sa pièce, dont la première représentation était annoncée pour un jour fixe, serait jouée telle qu'elle avait été faite, ou qu'il dénoncerait le Ministère pour abus de pouvoir, aux deux Conseils législatifs. L'affaire fit du bruit. Un journaliste raconta les faits de manière à ne pas concilier l'opinion publique au censeur; un législateur fit des remontrances au Directoire, qui sentit facilement le ridicule dont il se couvrirait en sanctionnant une si pitoyable vexation. Définitivement, les *Vénitiens* furent joués sans modifications comme sans suppression, et les indévots ne s'en scandalisèrent pas plus que les dévots eux-mêmes.

Or quel était l'homme obligeant qui se multiplia pour faire tomber l'obstacle? car l'article et les remontrances avaient été faits par le même individu, qui alors dictait des lois dans un journal et à la tribune. Le lecteur ne sera pas peu surpris d'apprendre que c'était Mr *Duviquet*, qui avait embrassé gratuitement la défense de l'auteur; tort qu'au reste il a bien réparé depuis, gratuitement aussi peut-être, mais du moins sans avoir eu plus de motif de se plaindre de son client depuis cet acte d'obligeance, qu'avant il n'avait eu de motif de s'en louer : Mr *Arnault* n'avait jamais parlé en bien de Mr *Duviquet* avant de le connaître, et n'en a jamais parlé en mal après l'avoir connu.

Mais revenons au sujet de cette note. Un préjugé ridicule peut seul regarder comme inconvenante l'admission des prêtres catholiques sur le théâtre. Les ministres des autres sectes du christianisme ont, sur cet objet, des idées plus conformes à la raison et à leurs intérêts, peut-être : le drame où l'on représente *Jean Hennuier*, évêque d'Évreux, défendant les protestans contre les poignards catholiques; la tragédie où l'on voit *Fénélon* mettant eu pratique l'indulgente morale de l'Homme-Dieu, sont plus propres à réconcilier la multitude avec les prêtres, que toutes les apologies possibles, parcequ'ici l'apologie est en action.

On peut regretter que ce préjugé ait écarté du théâtre tant de sujets qui sont à la fois de grandes leçons de morale et de religion. Qui n'applaudirait, par exemple, avec transport, à la courageuse rigueur avec laquelle le grand *Ambroise* refusa l'entrée du temple à *Théodose*, couvert du sang de ses sujets massacrés à Thessalonique? Ce n'est pas là du fanatisme, c'est la réunion de toutes les vertus du prêtre et du citoyen.

Personne ne regarde, enfin, comme une profanation, l'intervention de *Joad* dans la tragédie d'*Athalie*: *Joad* est pourtant le grand-prêtre d'une religion sur laquelle la nôtre est entée; *Joad* est le prêtre du Dieu vivant; le nom de Dieu est écrit sur cette lame d'or, qu'il porte au front, et tout ce qu'il dit est tiré des livres sacrés.

Au reste, autant d'églises, autant d'opinions. Il est singulier seulement que la rigidité de ces opinions s'accroisse en raison de la distance où ces églises sont de Rome, centre du catholicisme. Pendant que Napoléon était fils aîné de l'église, les *Vénitiens* furent représentés à Fontainebleau, sur le théâtre de la cour; le nonce du pape, Monseigneur le cardinal *Caprara*, accompagné de ses grands vicaires et des ecclésiastiques attachés à la légation romaine, assista, en grande loge, à cette représentation, et ne parut pas moins édifié qu'intéressé.

(17) Les trois inquisiteurs qu'y rassemble la loi,
   Comme du peuple entier sont inconnus de toi.

Le nom des juges du *Conseil des Trois* était inconnu: on sent avec quelle circonspection on devait agir ou parler à Venise, où le hasard pouvait vous donner pour auditeur, pour interlocuteur, pour confident même, un des membres de ce redoutable tribunal.

(18) Avec les envoyés des puissances diverses,
   Sous peine de la vie interdit tous commerces.

Tel est presque littéralement le texte de la loi. Il eût été facile d'exprimer ces idées en vers élégans: mais l'auteur a cru l'exactitude préférable en cette circonstance.

(19) Juge, il est toujours tems de condamner un homme.

On trouve dans Juvénal un vers où la même idée est exprimée avec une grande énergie:

« *Nulla unquam de morte hominis cunctatio longa est.*

(Sat. 6. vers. 221.)

Traduction littérale: « Un délai n'est jamais trop long quand il s'agit de la vie d'un homme. »

2.   16

Ce vers devrait être inscrit en grandes lettres sur les murs de tous les tribunaux. Que d'assassinats juridiques commis par précipitation ! que de juges, très-honnêtes gens d'ailleurs, sont portés à regarder l'accusé comme coupable, et le prévenu comme convaincu ! Il semble qu'ils aient peur de perdre l'occasion de condamner. Leur empressement rappelle celui de cet officier suisse qui, chargé après un combat d'enterrer les morts, faisait jetter indifféremment dans la fosse tout homme gissant sur le champ de bataille, et répondait aux mourans qui réclamaient contre cette mesure : *Si on vous en croyait, il n'y aurait personne de mort.*

(20) A tant d'infortunés dans la fange enterrés,
    Ou sous nos toits brûlans, du soleil dévorés.

Capello rappelle ici les horribles prisons nommées *piombi* et *putei :* le supplice commençait là avec la réclusion.

(21) Puissent les longs forfaits du pouvoir arbitraire
    Bientôt s'anéantir avec leur sanctuaire,
    Avec ce tribunal entouré d'échaffauds,
    Où j'ai siégé moi-même au milieu des bourreaux !

Il y a longtems qu'on fait ces vœux-là, et on les fera longtems encore. Ces vers, applaudis avec transport, dans leur nouveauté, par horreur pour les tribunaux révolutionnaires, seraient probablement accueillis de même aujourd'hui, quoique les tribunaux révolutionnaires n'existent plus.

. La tragédie des *Vénitiens* a produit un effet terrible sur les spectateurs. Cela est non-seulement constaté dans les journaux du tems, mais aussi dans une épitre pleine de talent, adressée à M^r. *Arnault* par M^r. *Eusèbe Salverte*, littérateur estimé à tant de titres. Cet épitre contient de bons conseils donnés en bons vers. Tout homme de lettres, harcelé par les critiques, ferait très-bien de la lire avant de leur répondre. Nous pensons que l'on nous saura gré de la transcrire ici en entier.

ÉPITRE A MON AMI ARNAULT,

sur la nécessité de ne jamais répondre aux critiques;
par Eusèbe Salverte.

—————————

Aux murs du Capitole, un char pompeux s'avance;
Un vainqueur sur ses pas entraîne un peuple immense;
Son nom, par mille voix, est porté jusqu'aux cieux:
Mais sur le même char, offert à tous les yeux,
Un esclave, au héros qui triomphe dans Rome,
Dit par son seul aspect: *vainqueur, tu n'es qu'un homme!*
Ainsi, quand d'Apollon les disciples chéris
De leurs nobles travaux goûtent enfin le prix,
Au milieu des transports de l'ivresse publique
Ils entendent toujours murmurer la critique:
C'est l'esclave placé sur le char du vainqueur.
Toi qui d'un nom vanté soutiens toujours l'honneur,
Sur tes pas, cher Arnault, *Blanche* aujourd'hui rappelle
De l'essor des talens la compagne éternelle,
La critique: — déjà gronde son noir chagrin.
A son attaque injuste oppose un front serein;
Sûr qu'un éloge vrai n'est jamais sans mélange,
Écoute la censure, ainsi que la louange.
Un vain bruit trouble-t-il un cœur comme le tien?
Non! Quand la scène en toi compte un nouveau soutien;
Quand, de tes chants ému, le public que tu charmes,
A d'avance aux censeurs répondu par des larmes,
Garde-toi de mêler, trop prompt en ton courroux,
Une épine aux lauriers dont nous te parons tous:
De chef-d'œuvres nouveaux enrichis Melpomène;

Laisse tes détracteurs s'agiter sur l'arène ;

Laisse hurler des fous que trouble un noir accès,

Et lasse la critique à force de succès !

Pour donner quelque poids à nos propres suffrages ,

Pour voir mieux nos défauts et polir nos ouvrages,

D'un ami sage et vrai nous empruntons les yeux:

« Ce vers est bien , dit-il , mais il peut être mieux ;

» Ici la phrase est louche ; et là c'est la pensée

» Qui d'un mot élégant veut être rehaussée.

» De ce tour trop pénible attendez peu d'effet ;

» Otez ce vers commun que tout le monde a fait ;

» Donnez , en rejetant cette emphase inutile ,

» Plus de force à l'idée , et plus d'accord au style.

Il dit : nous corrigeons ; mais l'aveugle amitié

De nos fautes souvent excuse la moitié.

Eh bien ! Cette moitié, c'est la part du critique !

A tous ses traits , dis-tu , par un seul je réplique :

Il fut toujours un sot.. — Eh ! qu'importe aujourd'hui,

Si le goût une fois est d'accord avec lui ?

Un bon avis est bon , quoiqu'il soit de Zoïle :

Que dis-je ? Rendons grâce au censeur malhabile,

Qui , sous les traits hideux de la malignité,

Même en la présentant, masque la vérité:

L'honnête homme indigné , ne voit que son injure ;

Il repousse soudain l'insolente censure.

Nous, parmi tant de vers sans raison critiqués,

Distinguons les défauts justement indiqués ;

D'un changement heureux que la leçon suivie

Fasse à notre succès servir même l'envie.

Par l'envie égarés , si tes lourds détracteurs

En règles du bon goût érigent leurs erreurs ,

A leurs sophismes vains te sied-il de répondre ?

Laisse un autre descendre au soin de les confondre ;

Ou que par tes amis ton silence imité

Abandonne Zoïle à son obscurité.

L'injuste objection, qui n'est pas relevée ,

Dans l'esprit du lecteur ne reste point gravée ;

Son vestige impuissant disparait sans retour.

L'erreur peut triompher , mais elle n'a qu'un jour.

Racine à chaque ouvrage eut de nouveaux critiques :

Où sont ces bons plaisans , ces profonds dogmatiques ?

Ils prouvaient, sans réplique, aux spectateurs surpris ,

Qu'à tort pour Andromaque ils s'étaient attendris ;

Qu'ils avaient, enchantés d'une vaine harmonie,

A tort excusé Phèdre, et plaint Iphigénie ;

Que Bérénice, en proie à son tendre tourment ,

Ne devât, dans Páris , charmer que son amant ;

Qu'il fallait à St. Cyr confiner Athalie ! ......

On admirait par-tout leur justesse infinie ;

Mais un malheur cruel les poursuivit toujours :

Ces critiques savans n'ont pas vécu trois jours ;

Et leur mémoire encore excitant nos outrages ,

Rappelle leur sottise et non pas leurs ouvrages.

Ainsi , jusqu'à nos jours , du malheureux Pradon

L'opprobre et le mépris ont conservé le nom ;

Ce nom qui *paraîtra dans la race future* ,

Aux plus méchans auteurs *une cruelle injure.* —

Mais prompt à les punir, Racine n'a-t-il pas

Sur Pradon et Boyer, sur Leclerc et Coras,
De ses piquans bons mots épuisé la malice ? —
Je l'avoue ; avec eux descendu dans la lice,
Il semblait, en froudant leurs stériles travaux,
A sa hauteur sublime élever ses rivaux.
Si jadis du Pygmée un affront ridicule
Contre ce peuple nain arma le bras d'Hercule,
De ce burlesque exploit le triste souvenir
Loin d'accroître sa gloire, aurait pu la ternir.
Il est des ennemis qu'on doit rougir d'abattre ;
Et l'on égale à soi ceux qu'on daigne combattre.
Des oiseaux de la nuit s'il entend les clameurs,
L'aigle s'abaisse-t-il à punir leurs fureurs ?
Non : quand sur le rocher leur jalouse impuissance
Fait gémir les échos, le roi des airs s'élance,
Vole vers le soleil, et plane dans les cieux.

Tel, insensible aux cris des sots, des envieux,
Et de ses chants pompeux redoublant l'harmonie,
En s'élevant toujours, se venge le génie.
Vers son but immortel dirigeant tous ses pas,
Superbe, il ne sait point, en de honteux combats,
Où le nom des vaincus flétrirait sa victoire,
Consumer des instans qu'il doit tous à sa gloire.

Pour les mêmes appas, du même amour blessés,
Vois deux superbes coqs l'un sur l'autre élancés.
La plume dans les airs vole, le sang ruisselle.
Près d'eux l'enfant oisif qu'amuse la querelle,
Par ses cris excitans aiguise leur fureur,
Et comme du vaincu se moque du vainqueur.

Ainsi, dans les éclats d'un débat littéraire,

D'un censeur décrié l'imprudent adversaire

Comme lui, du public est le jouet honteux.

Le lecteur, tour-à-tour, se rit de tous les deux :

Et, contre la raison, sans pudeur outragée,

Au trait le plus malin la palme est adjugée.

Ce laurier des méchans, dois-tu le disputer,

Toi, dont le cœur si noble est fait pour l'éviter ?

Le lion, des forêts dominateur tranquille,

N'a jamais envié le venin du reptile.

Laissons au malheureux qui n'a pas d'autre esprit,

Cet esprit que l'on hait, lors même qu'on en rit.

L'épigramme est facile, autant que méprisable :

Un trait, une équivoque y rend tout excusable.

A peine aborde-t-on ce genre détesté ;

De son esprit fertile on reste épouvanté.

Moi-même, je le sais, dans un autre délire,

Des mains du tendre amour j'avais reçu ma lyre ;

L'amour dans tous mes chants régnait seul, et jamais

Sous les traits de l'esprit ne vit masquer ses traits.

Laure m'applaudissait.... trahi par cette Laure,

Cette Laure perfide, et pourtant chère encore,

Je voulus être auteur pour n'être plus amant.

Mes vers ont vu le jour : je croyais bonnement

Que Paris, comme moi, charmé du nom de Laure,

Chérirait des chansons que ce doux nom décore :

Hélas ! certains censeurs, prompts à me corriger,

En termes un peu durs, m'apprirent qu'un berger

Qui de ses feux trompés veut raconter l'histoire,

Doit aux échos des bois borner son auditoire.

Les censeurs disaient vrai.... peut-être !.... mais leur ton,

Leur ton me révoltait.... eh! quoi! ne saurait-on,

D'un père infortuné ménageant la folie,

Estropier ses vers d'une façon polie ?

Déjà, pour me venger, le courroux m'inspirait;

J'aurais eu, cette fois, de l'esprit et du trait.

Maint couplet aiguisé d'une vive ironie,

Maint sarcasme piquant, mainte heureuse saillie

De mon cerveau fécond jaillissaient à-la-fois.

J'allais... mais la raison me rappelle... à sa voix

Je rougis et m'arrête au bord du précipice;

« Oui, me dis-je, averti par cette voix propice,

» Je puis d'un ridicule affubler les railleurs :

» De bonne foi, mes vers en seront-ils meilleurs ?

» Il n'en est pas un seul dont mon cœur se repente.

» Dédaignons un talent que la colère enfante;

» Et quel que soit mon rang parmi tant de rimeurs,

» Au défaut de mes vers, on prisera mes mœurs ! »

   « Eh! quoi! peut me répondre un écrivain novice,

Dont le cœur, jeune encor, peu fait à l'injustice,

Veut qu'un censeur soit doux, honnête, impartial,

Et sur-tout, lorsqu'il cite, attentif et loyal;

« Eh! quoi! ce vétéran, qui doit-être mon guide,

» Sur mes travaux, sur moi, verse un poison perfide;

» Il ne veut point m'instruire; il veut me désoler,

» Il veut me perdre... et moi, je n'oserais parler,

» Et par les coups pressés d'un puissant ridicule,

» De sa main engourdie arracher la férule ? »

Non : si c'est notre honneur qu'il a voulu flétrir,
Répondre en plaisantant serait nous avilir.
N'en veut-il qu'à nos vers? D'une injuste censure
Le silence est toujours la peine la plus dure.
C'est un plaisir alors assez original
De voir notre envieux, dévorant un journal,
Du chagrin qu'il nous cause y chercher l'assurance :
Il ne la trouve point; et de notre défense
Désespérant d'orner sa feuille d'aujourd'hui,
Il tombe, accusé seul par le public ennui.

Rimons un trait plaisant, que ce propos rappelle.
Contre l'auteur d'Inès, Gâcon fait un libelle.
Le pacifique Houdart à son écrit mordant
Oppose du dédain le silence prudent :
Qui riposte aux Gâcons, prouve qu'on peut les lire.
« Vous n'osez donc, Monsieur, répondre à ma satire?
» Vous n'y gagnerez rien; sous trois jours, sans retard,
» J'imprime ma réplique au silence d'Houdart. »

Imite, cher Arnault, cette adroite vengeance;
Que Gâcon, s'il le veut, réplique à ton silence.
Toi, d'un plus noble soin occupe tes esprits;
Connais de tes lauriers et l'éclat et le prix :
Pour mieux t'encourager alors, que Melpomène
Plein d'une ardeur nouvelle à ses jeux te ramène.
Songe à ce jour chéri de tes admirateurs,
Où tes rivaux charmés, où les belles en pleurs,
De te féliciter disputant l'avantage,
Au vainqueur à l'envi rendaient un pur hommage.
« C'est lui ! l'auteur d'*Oscar!* l'auteur de *Marius!* »

Ce succès, dans l'esprit des spectateurs émus,
De tes premiers succès réveillait la mémoire,
Et ton front rayonnait de plus d'une victoire.

Crois-tu que d'un censeur le dédain affecté
Ait d'un jour si brillant pu ternir la clarté?
Sa pesante critique, en naissant oubliée,
De vieux traits rajeunis quelquefois égayée,
En vain offre aux jaloux le plaisir d'abaisser
Un auteur, dont le nom est fait pour les blesser.
Le public foule aux pieds ces pages fugitives,
Du vil talent de nuire odieuses archives:
Et de tes deux amans déplorant les revers,
Court le soir, avec nous, applaudir à tes vers.

Réponds à cet appel de la faveur publique.
Moins aigri qu'animé par l'injuste critique,
Ressaisis ces pinceaux, dont la mâle couleur
Peignit de Marius l'effrayante douleur;
Autour d'Oscar mourant assembla les images
Des héros de Morven penchés sur leurs nuages;
Et cherchant de ton art les sentiers moins battus,
Dans sa feinte démence osa montrer Brutus.
Poursuis! de tes tableaux soutenant la noblesse,
Au lâche, à l'insensé fais haïr sa faiblesse;
Exalte dans nos cœurs et l'active pitié,
Et l'amour vertueux, et la sainte amitié;
En ton vers énergique exhalant ton courage,
Flétris la trahison d'un immortel outrage;
Venge sous le destin le génie abattu;
Et fais du crime heureux triompher la vertu!

GERMANICUS,

TRAGÉDIE

EN CINQ ACTES, EN VERS,

Représentée pour la première fois, à Paris,
par les Comédiens ordinaires du Roi, le 22 Mars 1817.

Breves et infaustos populi romani amores.

Tacite.

AVERTISSEMENT.

Germanicus est, peut-être, le personnage le plus accompli de l'histoire. Il réunissait en lui tout ce que les hommes aiment et admirent : les dons de la nature et ceux de la fortune, les vertus du guerrier et celles du citoyen, les qualités de l'homme public et celles de l'homme privé : il avait tout reçu du ciel, qui semble s'être une fois complu à créer un homme parfait.

Quelques critiques ont avancé qu'un pareil personnage ne saurait être dramatique ; qu'un héros ne peut intéresser au théâtre, qu'autant qu'il n'est ni tout-à-fait coupable, ni tout-à-fait innocent ; que tels sont les héros d'Eschyle, d'Euripide et de Sophocle ; et qu'enfin cela est incontestable, parceque c'est l'opinion d'*Aristote.*

L'autorité de ce législateur universel est sans doute de quelque poids. On ne saurait disconvenir que les personnages qui réunissent ces conditions, n'inspirent par cela même un grand intérêt, et que ce ne soit déjà un avantage pour un poëte, que d'avoir rencontré un héros de cette nature. Mais prétendre que la scène leur doive être exclusivement réservée ; prétendre qu'un personnage parfait n'y saurait être intéressant, c'est tirer d'un principe juste une fausse conséquence.

L'admiration est, dit-on, un sentiment qui s'use bientôt, et l'on finit par voir avec ennui un homme exempt des faiblesses humaines.

Oui, si au tableau d'une vertu irréprochable se trouve joint celui d'un bonheur continu ; oui, si cet homme, exempt de nos défauts, l'est aussi de nos malheurs : une tragédie conçue dans ces idées serait, certes, d'une insupportable monotonie.

Mais si le poëte a l'habileté de vous faire craindre pour l'homme qu'il vous fait aimer; s'il vous le montre environné de périls nés de ses vertus mêmes; si ces périls s'accroissent à mesure que ces vertus se développent; si la perte du héros est enfin la conséquence de sa perfection; niera-t-on que ce personnage soit d'autant plus dramatique qu'il est plus vertueux?

Quel est le vrai but de la tragédie, sinon d'exciter la terreur et la pitié? peut-on, sans s'effrayer et sans s'attendrir, voir de grands malheurs provoqués par de grandes vertus?

Quand on a excité ces deux sentimens au théâtre, on y a satisfait à la première de ses lois, à la seule qui ne puisse pas souffrir de modification. Ce succès peut s'obtenir par mille moyens différens; mais moins le sujet traité paraît propre à donner cet heureux résultat, plus il y a de mérite à savoir l'atteindre.

C'est d'après ces opinions que Mr *Arnault* a cru le personnage de GERMANICUS susceptible de figurer heureusement sur la scène. Il est probable qu'il eût été devancé dès longtems dans son entreprise, si dans l'histoire, ce sujet, d'ailleurs si riche, n'était pas dénué de l'incident qui lui donne, au théâtre, l'intérêt et la vie; l'intervention de SÉJAN.

Il est évident pour tout homme qui réfléchit et sait voir les causes dans les effets, que GERMANICUS est mort victime de la politique ombrageuse de Tibère; que Pison et Plancine n'étaient que des agens, dont les passions ont été déchaînées parcequ'elles servaient les calculs du plus dissimulé des tyrans; et que de Rome enfin, cet impénétrable despote faisait mouvoir toutes ces machines, qu'il a eu l'habileté de briser aussitôt qu'elles ont cessé de lui être utiles, et sans attendre même qu'elles lui fussent devenues nuisibles.

Ce grand drame est tout entier dans l'histoire pour quiconque la sait lire : mais il y est épars ; mais il y est avec toute la latitude que le genre comporte. Point de limites dans l'histoire pour la durée de l'action, à qui l'on accorde les années pour se développer ; point de limites là non plus pour l'étendue de la scène, qui peut embrasser le monde entier.

Comment accommoder pour le théâtre une action de cette nature, une action commencée dans les Gaules, continuée à Rome, dénouée en Orient ? comment la réduire aux proportions voulues par les règles, sans la dépouiller de quelques-unes de ses plus importantes circonstances ; ou comment les lui conserver toutes sans blesser la vraisemblance dramatique ?

Cela était impossible sans le concours de Séjan : aussi n'est-ce qu'après avoir eu l'idée d'employer ce personnage, que M.ᵣ *Arnault* s'est regardé comme maître de son sujet. Quelle fécondité cette conception n'y répand-elle pas ? par elle disparaissent les obstacles de tems et de lieux ; par elle Tibère, sans quitter Rome, se trouve à Antioche, où il est *invisible et présent*.

L'intervention du *Génie du mal* était indispensable pour renouer sans cesse les atroces projets sans cesse déconcertés par le *Génie du bien* : et c'est par cela même qu'une malice inépuisable lutte contre une infatigable générosité, que l'intérêt ne fait que croître lorsque le héros échappe à un danger ; parcequ'on prévoit que c'est pour retomber bientôt dans un danger plus grand, parceque chaque trait d'héroïsme semble rendre sa perte plus certaine.

Par ces combinaisons, la mort de Germanicus est devenue un sujet de tragédie d'autant plus heureux, que *Tacite* offrait de grandes richesses au poëte assez hardi pour traiter ce sujet : mais, semblables aux marbres qui sont dans la carrière, ces richesses voulaient, pour être adaptées à la scène, une main qui sût les tailler et les placer dans un plan propre à leur conserver leur éclat.

C'est ce à quoi M.ʳ *Arnault* s'est appliqué. .Peut-être a-t-il fait preuve de quelque adresse, en faisant entrer naturellement dans le cadre qu'il a imaginé la peinture de la consternation des provinces, lors de la maladie de GERMANICUS ; celle du désespoir de ce prince, au sujet du désastre qu'éprouva l'armée romaine au retour de la campagne où elle avait vengé la défaite de Varus ; et enfin la peinture de la révolte et du repentir des légions.

Quant au style, sans s'étudier constamment à traduire ou à imiter *Tacite*, M.ʳ *Arnault* s'en est imbu autant qu'il lui a été possible, et l'on reconnaît souvent dans les vers du poëte, des traits de l'historien, mariés à ceux qui sont propres au premier. On est fondé à croire que cette méthode n'est pas mauvaise ; c'est celle que *Racine* avait adoptée pour écrire *Britannicus*, et cette fois-là du moins l'excellence en a été démontrée par le succès.

Qu'on nous permette une dernière observation sur le personnage de GERMANICUS. Il nous semble que ce caractère est entièrement neuf. GERMANICUS n'est pas un héros colossal ; c'est le plus grand des hommes, mais un homme aussi grand qu'il est donné de l'être : sa perfection n'est pas au-dessus de notre nature ; il ne dit rien, ne fait rien qui soit hors de notre portée, et c'est par cela même qu'il nous intéresse. On aime en lui le modèle auquel on sent qu'il est possible de ressembler ; on aime en lui l'homme qui ne diffère du commun des hommes, qu'en ce qu'il est constamment ce que l'on peut être quelquefois, ce qu'on peut quelquefois avoir été.

Le succès qu'a obtenu *Germanicus*, a eu moins de durée que d'éclat. Une persécution plus active, et cette fois universelle, a bientôt fait expier à l'auteur ce triomphe d'un moment; triomphe que l'autorité semblait lui avoir ménagé dans une intention différente. Depuis cette époque, les malheurs de M.r *Arnault*, aggravés par son bonheur même, se sont accrus aussi du malheur de ses amis. Depuis cette époque, errant de contrée en contrée, d'asile en asile, sans rapport avec la société si ce n'est par le mal qn'il en reçoit ; sans relations avec sa famille, dont les soins lui deviennent de jour en jour plus nécessaires ; environné de presque autant de persécuteurs qu'il y a d'agens de l'autorité ; ne rencontrant que chez de simples citoyens ces vertus que les rois ne se croient plus permises ; privé de sa fortune; privé des ressources de son industrie; sans avenir, sans lendemain même ; dans cette calamité, qui se renouvelle sans cesse, il n'a pour toutes consolations que celles qu'il retrouvera toujours en lui, grâce à une conscience irréprochable et à quelque philosophie.

Tant d'agitations, loin de le détourner des lettres, les lui font cultiver avec plus d'activité que jamais : tant qu'il a pu s'arrêter, il s'est occupé d'une édition classique (1); quand il a été forcé de marcher, il a repris ses travaux dramatiques. Accoutumé à composer de tête, les bois, les champs, les grandes routes ne sont pour lui qu'un plus vaste cabinet : tout en errant, il a fait une nouvelle tragédie, étrangère néanmoins à sa situation. Comme moyen de distraction, sa facilité lui a été utile; mais peut-il en attendre d'autres fruits ? Ainsi que sa patrie, le théâtre ne lui est-il pas fermé ; et ceux même de ses ennemis qui le désignent comme ne pouvant mériter un succès, ne sont-ils pas déterminés à ne plus lui laisser l'occasion d'en obtenir un ?

______

(1) Celle des OEuvres complètes de *Delille*, imprimée chez Maubach, à Bruxelles.

Germanicus a été traduit dans presque toutes les langues européennes. Au nombre des littérateurs étrangers qui ont donné à cette tragédie ce témoignage d'estime, est le chevalier *George* BERNEL, qui dédie sa traduction à l'auteur, de la manière la plus noble et la plus flatteuse. M.r *Arnault* doit être d'autant plus touché des bons procédés d'un littérateur anglais, que ses malheurs ne lui en ont pas obtenu de pareils de tous les littérateurs, qui même sont encore Français.

—————

N. B. Cette édition est conforme au manuscrit original. L'auteur y rétablit plusieurs passages que ses amis avaient cru devoir supprimer, pour accélérer à la scène la marche de l'ouvrage. Il est quelquefois nécessaire de faire pour une première représentation, des sacrifices de ce genre au grand intérêt de la réussite; mais l'on restitue ensuite au drame ce qu'il réclame sur ces suppressions. Les plus considérables que cette tragédie ait éprouvées, portaient sur la scène de *Pison* et de *Plancine*, dans le quatrième acte : le lecteur la retrouvera ici telle qu'elle a été primitivement conçue. *Pison* y résiste davantage à l'effroyable ascendant de *Plancine*. Après ce qui s'était passé entre *Germanicus* et lui, il ne pouvait reprendre sa haine et ses projets, sans de violens combats, qui, peut-être, seraient vus avec un vif intérêt au théâtre, si les acteurs jouaient cette scène avec confiance.

Au reste, ceux d'entr'eux qui craindraient de la risquer telle qu'elle est ici, la retrouveront dans les variantes telle qu'elle a été jouée sur le théâtre français.

ÉPITRE DÉDICATOIRE

à

MES ENFANS.

J'AI *désiré que la dédicace de Germani-cus acquittât une dette de reconnaissance. Plusieurs personnes y ont droit : si j'ai trouvé des persécuteurs dans toutes les clas-ses et dans toutes les nations, dans les unes et les autres j'ai trouvé des défenseurs : mais le tems n'est pas venu où je puis les nommer ; je dois taire jusqu'à leurs bien-faits en les recevant, et paraître ingrat pour ne pas l'être.*

La même réserve ne m'est pas imposée vis-à-vis de vous, MES ENFANS. *Je puis vous remercier publiquement de ce que vous faites publiquement pour moi ; je puis payer dès aujourd'hui, par le témoignage d'une ten-dresse sans réserve, tant de preuves d'une piété sans bornes.*

Vous ne vous êtes pas renfermés dans l'étroite circonscription de la bienséance ; vous ne vous êtes pas contentés de ne rien faire de blâmable: tout ce qui est louable, vous l'avez fait; et vous n'avez trouvé de louable que ce qu'il y a de plus généreux. C'est dans votre cœur que vous avez cherché la mesure de votre devoir: en faisant ce qu'il vous dictait, vous avez fait plus que je n'attendais, plus même que je n'eusse désiré.

Ce sentiment a toutefois jetté l'un de vous dans un excès, et je dois l'en reprendre. Oui, MES ENFANS, je dois reprocher au second d'entre vous, d'avoir été trop sensible aux lâches outrages qu'un triomphe inespéré m'avait mérités ; d'avoir cru pouvoir venger autrement que par le mépris, une injure qui se perdait dans les témoignages d'estime et de regrets que la voix publique prodiguait à votre père ; d'avoir honoré un ignoble délateur au point de le contraindre à prendre l'attitude d'un homme de cœur ; de l'avoir élevé un moment au niveau d'un brave, au niveau d'un soldat couvert de blessures, reçues toutes au champ d'honneur.

Cependant, MON FILS, je le reconnais aussi, il n'est pas donné à tous les jeunes gens de faire une pareille faute. Non, ma main ne

pourrait se résoudre à déchirer cette page
de l'histoire de ta vie, déjà si pleine de
faits honorables, quoique tu sois encore si
jeune : non, mon cœur ne saurait s'entendre
avec ma raison pour te condamner : et j'en
appelle à tous les pères : En est-il un qui
à ma place ne serait fier de n'avoir jamais
eu qu'un reproche pareil à faire au plus
coupable de ses enfans ?

Que de consolations n'ai-je pas reçu de
mes enfans, dans les malheurs dont je suis
assailli ! Pendant que l'un de vous me défendait en France, l'autre, dans cette terre
d'exil, ne me rendait-il pas les soins les
plus tendres, les plus courageux ; ne me
faisait-il pas jouir, par ses doux entretiens,
d'un bonheur que je n'ai pas connu au tems
de notre prospérité, puisque cette prospérité
même nous séparait ? Ah ! MES ENFANS,
croyez que je me résigne facilement à supporter une infortune dont l'étendue me révèle
celle de vos excellentes qualités ; d'une infortune qui ne pouvant diminuer mon honneur, ne fait qu'augmenter le vôtre.

Et comme nos âmes s'entendent aussi sur
l'honneur ! sur ce bien sans lequel il n'est

pas de bonheur véritable, et avec lequel il n'est pas de véritable malheur. En effet, sont-ce des malheurs, que ces revers qui, loin de vous aliéner l'estime publique, vous la concilient; et s'ils vous l'accroissent, ces revers ne sont-ils pas préférables à l'accroissement de tant de fortunes ?

L'honneur me réconcilie avec la pauvreté, avec laquelle il m'avait déjà familiarisé pendant la révolution ; avec laquelle je savais bien qu'un honnête homme ne doit jamais se regarder comme brouillé pour toujours. L'honneur n'est-il pas, après tout, le seul bien dont le prix soit invariable ? La naissance, le rang, la richesse, le pouvoir même, n'ont qu'une valeur précaire : rien de plus incertain que la considération qu'ils obtiennent, surtout au tems où nous vivons ; elle se perd du jour au lendemain : le souffle qui suffit pour donner une autre direction à cette chose si mobile qu'on nomme l'opinion publique, le souffle le plus léger suffit pour la faire évanouir. Il n'en est pas ainsi de la considération que l'honneur commande : pur, inaltérable comme le diamant, qui par le *frottement acquiert plus d'éclat, l'honneur reçoit un nouveau lustre du malheur, et change en faveur de la fortune, la persécution même.*

Conservons-le précieusement, ce bien, le seul que je puisse vous transmettre intact, le seul que vous puissiez augmenter, le seul que les révolutions ne sauraient nous enlever, le seul que ne pourraient nous ravir les maîtres du monde. MES ENFANS, *faites tout ce que l'honneur vous commandera, et ne faites que cela ; allez partout où il vous appellera, et n'allez que là ; et reconnaissez surtout la voix de l'honneur dans celle qui vous ordonnerait d'oublier tout malheur privé, pour ne songer qu'au malheur de la patrie ; dans celle qui vous ordonnerait de vous rallier à tous les partis, pour reconquérir à votre pays la gloire et l'indépendance.*

Dût même votre victoire ne pas me rendre à ma patrie, je ne gémirais pas de me voir séparé de vous, si je vous savais réunis pour une si noble cause sous des drapeaux français. Que dis-je ? faire votre devoir, n'est-ce pas le plus sûr moyen de

mettre un terme à nos malheurs ? Qu'il
ne nous suffise pas d'être innocens envers
la France ; obstinons-nous à lui être utiles :
peut-être la fortune finira-t-elle par rougir,
et les hommes aussi.

Je le souhaite plus que je ne l'espère,
dans cet isolement absolu où je suis retom-
bé. Séparé, par l'exil, des enfans qui me
restent en France ; séparé même, dans mon
exil, de ceux de mes enfans qui avec leur
généreuse mère, étaient venus le partager,
peut-être suis-je condamné à ne plus vous
revoir. Mon cœur se brise à l'idée d'une
éternelle séparation ; mais si telle est la volonté suprême, voyez un testament dans
l'épître que je vous adresse, et qu'elle ait quelque prix pour vous, la seule disposition qu'il
renferme, cette dédicace d'un ouvrage que
j'aime à vous offrir comme un garant public de ma tendre estime pour la meilleure
des familles, comme un legs auquel votre
père attache sa dernière bénédiction.

ARNAULT.

De ma retraite, le 1.er Décembre 1817.

COSTUMES A OBSERVER.

Les costumes doivent être simples et tels qu'on les portait à la cour de Germanicus.

Germanicus parait en costume civil et revêtu de la pourpre impériale.

Pison porte l'habit militaire pendant les trois premiers actes ; au quatrième il prend le costume civil.

Séjan parait sous l'habit d'esclave jusqu'à la dernière scène du 5.me acte, où il se montre revêtu de la pourpre.

Sentius parait en costume civil.

Marcus parait pendant les cinq actes eu habit militaire.

Agrippine et Plancine doivent porter un costume élégant mais sévère.

Lors de la première représentation de cet ouvrage, les comédiens français résolurent de rétablir le costume romain dans sa belle simplicité, ce qui produisit beaucoup d'effet.

PERSONNAGES.

GERMANICUS, fils adoptif de Tibère, gouverneur-général des provinces romaines en Orient.

AGRIPPINE, son épouse.

PISON, gouverneur-particulier de Syrie.

SENTIUS-SATURNINUS, sénateur romain.

SÉJAN, ministre et favori de Tibère.

PLANCINE, épouse de Pison.

MARCUS, fils de Pison.

VÉRANIUS, ami de Germanicus.

PLUSIEURS CONJURÉS.

UN PREMIER CONJURÉ.

UN SECOND CONJURÉ.

AMIS DE GERMANICUS.

ENFANS DE GERMANICUS.

SOLDATS, LICTEURS.

PEUPLE.

FEMMES DE LA SUITE D'AGRIPPINE.

Personnages muets.

La Scène est à Antioche.

GERMANICUS,

TRAGÉDIE.

ACTE PREMIER.

Le Théâtre représente un vestibule auquel plusieurs appartemens aboutissent. Sur l'un des côtés est le tribunal où siège Germanicus; de l'autre s'élève une statue d'Auguste, devant laquelle est un autel. On apperçoit la ville par-dessus les draperies suspendues aux colonnes qui ferment le péristyle.

(Le jour n'est pas encore levé.)

SCÈNE PREMIÈRE.

SÉJAN, SENTIUS.

SENTIUS.

Vous, Séjan! vous, l'ami du maître de la Terre,
Des secrets de César vous le dépositaire,

Sous l'obscur vêtement qui semble vous cacher,
Loin de Rome, en ces murs, que venez-vous chercher?
Quels projets....

SÉJAN.

Sentius, c'est pour vous en instruire
Qu'avant le jour ici je me suis fait conduire.
Un grand dessein m'amène aux murs d'Antiochus.
Mais avant tout, parlez, que fait Germanicus?
Que fait Pison?

SENTIUS.

Jamais leur mésintelligence
Ne se manifesta par plus de violence.
Pison...... vous connaissez ce caractère ardent,
Cachant sous un front grave un esprit imprudent,
Égaré par l'orgueil en sa marche incertaine,
Et dans tout inconstant, excepté dans la haine.

SÉJAN.

Eh bien, Seigneur?

SENTIUS.

Joignant les effets aux discours,
A ses fougueux transports laissant un libre cours,
Jamais par tant d'excès, même en cette province,
Pison n'avait bravé la majesté du prince.
Sans doute on vous a dit, qu'imprudent une fois,
Ce prince avait enfreint les rigoureuses lois,
Qui des plaines d'Isis lui défendent l'entrée. (1)
Trop sensible aux malheurs d'une triste contrée

Que l'empereur lui seul a droit de consoler,
Aux rivages du Nil il crut pouvoir voler.
Des bouches de ce fleuve aux roches menaçantes
Qu'à Sienne il franchit de ses eaux mugissantes,
Tandis que l'on voyait l'héritier des Césars
De sa sollicitude étendre les regards ;
Tandis qu'on le voyait, innocemment peut-être,
Donnant en bienfaiteur ce que refuse un maître,
Sans l'appareil qui suit ou la crainte ou l'orgueil,
A tous les opprimés faire un égal accueil ;
Opposer aux abus sa rigueur généreuse,
Et surtout alléger la loi trop onéreuse,
La loi que sans pitié nous appesantissons
Sur l'Égypte, affamée au milieu des moissons ;
L'impétueux Pison, resté seul en Syrie,
Bien plus que la prudence écoutant sa furie,
Changeait l'ordre établi, sans but, sans autre effet
Que d'effacer partout ce qu'un autre avait fait ;
Dans son orgueil jaloux, croyant porter sa place
Au-dessus du pouvoir qu'affrontait son audace.
Le prince à son retour, de ses yeux indignés,
Cherche en vain ses amis par l'exil éloignés ;
Il entend la cité qu'il avait protégée,
Réclamer de ses lois la justice abrogée.
Dans son juste courroux, devant son tribunal
Il cite un lieutenant qui s'est cru son égal.

Pison , toujours superbe , hésite , délibère
S'il doit céder au fils d'Auguste et de Tibère ;
Quand , frappé tout-à-coup par un mal inconnu,
Sur les bords de la tombe à trente ans parvenu , (2)
Germanicus pâlit : son épouse alarmée
Jette un cri que répète et le peuple et l'armée.
Tout s'émeut ; on s'empresse aux pieds des immortels ;
Les plus précieux dons surchargent leurs autels ;
De vœux et de sanglots leurs temples retentissent ;
Vingt nations , sur qui leurs coups s'appesantissent ,
Confondent leur douleur.... Le Sarmate inhumain
S'étonne de prier pour les jours d'un Romain ;
Et , du Tibre à l'Indus , on ne voit sur la terre
Qu'une famille en pleurs qui tremble pour un père.
A ce deuil qui s'accroît en raison du danger,
A ce commun effroi Pison reste étranger.
S'il implore des dieux les faveurs protectrices ,
C'est aux dieux des enfers qu'il fait ses sacrifices.
Feindre même en public n'est pas en son pouvoir ;
Quand on tremble, il sourit ; et son farouche espoir ,
Suivant que le mal presse ou suspend son ravage ,
Prend l'accent de la joie ou celui de la rage.
Aux vœux du peuple enfin le héros est rendu.
L'encens fume ; à grands flots le sang est répandu.
Pison l'apprend : parmi les prêtres qu'il disperse ,
Il court au temple , il court aux autels qu'il renverse ,

Outrageant, sans respect ni des droits, ni des lieux,
Et le peuple et le prince, et César et les dieux :
Puis, à travers l'horreur dont la foule est saisie,
Insolemment tranquille, il gagne Séleucie.
Trois jours se sont passés depuis l'affreux moment
Que signale à jamais ce triste évènement ;
Et nul indice encor ne nous a fait comprendre
Quel parti désormais Germanicus veut prendre.
Pison semble assuré de son impunité.
S'il ne s'abuse pas, de quelle autorité
D'Auguste en ces climats la race est-elle armée ?
C'est ce qu'on se demande à la ville, à l'armée.
De quelques guerriers même, en secret convaincus
Qu'un autre que Pison poursuit Germanicus,
Déjà la discipline a reçu quelqu'atteinte.
Fidèles à César, s'il faut parler sans feinte,
En servant bien son fils ils croiraient le trahir,
Et mettent leur devoir à ne point obéir. (3)

SÉJAN.

Et, Sentius, quel est en cette circonstance
Celui des deux partis que sert votre prudence ?

SENTIUS.

D'un bruit qui s'accrédite en secret alarmé,
Séjan, dans mon devoir je me suis renfermé,

Sans blâmer, comme aussi sans approuver personne;
Et j'attends pour agir ce que César ordonne.

SÉJAN.

Sur vous, sur votre foi quand il s'est reposé,
César, je le vois bien, ne s'est pas abusé.

SENTIUS.

César, quoi qu'il exige aujourd'hui de mon zèle,
Ne peut pas rencontrer un sujet plus fidèle.

SÉJAN.

Et ce zèle déjà n'a pas osé prévoir
Ce que va lui prescrire aujourd'hui le devoir?
Vous ne pénétrez pas, sans que je vous l'explique,
Le conseil qu'à César dicte la politique?

SENTIUS.

Poursuivez.

SÉJAN.

Dans le rang où le sort l'a placé,
Au milieu des périls dont il est menacé,
César ne doit-il pas, pour le bien de la Terre,
Regarder comme fait le mal que l'on peut faire?

SENTIUS.

Comme vous je le crois.

SÉJAN.

Sur un audacieux
N'est-il pas tems qu'enfin Tibère ouvre les yeux ?

SENTIUS.

Il en est tems ; d'un fils il doit venger l'outrage.
Ce fils peut-être est-il plus généreux que sage ;
Mais l'indiscret désir dont il est animé
N'est après tout, Seigneur, que celui d'être aimé.
Quant à Pison, Pison de qui l'audace extrême
Pour servir le pouvoir insulte au pouvoir même ;
Pison, qui de son chef hardi persécuteur,
Qui de son souverain plus hardi protecteur,
Rebelle autant qu'impie, a jusque dans un temple
D'un double sacrilége osé donner l'exemple :
Lui seul, Seigneur, lui seul peut être dangereux ;
Lui seul est criminel.

SÉJAN.

Ils le sont tous les deux.

SENTIUS.

Vous ne verriez entr'eux aucune différence ?

SÉJAN.

Je les vois tous les deux égaux par la puissance.

SENTIUS.

De son devoir le prince est-il jamais sorti?

SÉJAN.

S'il en voulait sortir, n'a-t-il pas un parti?
N'en peut-il pas sortir en dépit de lui-même?
L'étranger le chérit, le peuple romain l'aime,
Le sénat l'idolâtre, et leur commun appui
Peut à l'empire un jour le porter malgré lui.

SENTIUS.

Les vertus dont le ciel envers lui fut prodigue,
Son noble orgueil, son cœur étranger à l'intrigue,
Tout devrait de Tibère appaiser la terreur.

SÉJAN.

Dans ses craintes tout doit affermir l'empereur:
On craint, quand on connaît le peuple et ses caprices,
Les vertus d'un rival tout autant que ses vices.
Tibère ainsi le pense.

SENTIUS.

Et qu'a-t-il résolu?

SÉJAN.

De ne plus partager le pouvoir absolu;
De régner en Asie ainsi qu'il règne à Rome;
De réprimer Pison, de réprimer tout homme

Qui pourrait, s'il le veut, contre son souverain
Lever impunément une insolente main;
De gouverner par vous cette vaste province.

SÉNTIUS.

César auprès de lui rappelle donc le prince

SÉJAN.

Le prince est plus à craindre à Rome encor qu'ici.
Il n'y rentrera pas.

SENTIUS.

S'il en doit être ainsi,
S'il est dans ces climats relégué par Tibère,
Quelle est l'autorité que César me confère?

SÉJAN.

Celle qu'un téméraire exerça trop longtems;
Celle qu'il doit garder tant qu'il vivra.

SENTIUS.

J'entends.

SÉJAN.

On ouvre.

SENTIUS.

Vers ces lieux Germanicus s'avance.

SÉJAN.

Je ne dois pas encor paraître en sa présence.

Puisque vous m'entendez, Seigneur, nous saurons bien
Renouer avant peu cet utile entretien.

(Il sort.)

SCÈNE II.

SENTIUS, GERMANICUS, MARCUS, PISON;
LICTEURS; SUITE.

GERMANICUS (à Marcus.)

J'estime vos vertus; c'est par leur entremise
Que l'Arménie enfin à son prince est remise;
J'en instruirai Tibère; et vous pouvez, Marcus,
Au rang de vos amis compter Germanicus.
Mais pour Pison cessez de me demander grâce.
En oubliant les droits de mon rang, de ma race,
Votre père me force à m'en ressouvenir;
Et lui seul rompt les nœuds qui devraient nous unir.
J'en gémis: pour fléchir cet âpre caractère,
J'ai fait, vous le savez, plus que je n'ai dû faire;
Mais plus j'accorde et plus il se montre exigeant.
M'a-t-il jugé timide à me voir indulgent?
La faute en est à moi. Dès le premier outrage,
Si d'un chef irrité j'avais pris le langage,
On ne l'aurait pas vu, bravant tout à-la-fois
La majesté des lieux, la sainteté des lois,

Insulter, au milieu d'Antioche alarmée,
Le magistrat du peuple et le chef de l'armée.
Depuis trois jours enfin que je tarde à punir,
De ses égaremens le voit-on revenir?
Pour fléchir ma puissance, à l'accabler contrainte,
A-t-il même daigné recourir à la feinte?
Tout est délibéré, Marcus; c'en est assez;
Les jours de la clémence à la fin sont passés.
Quoiqu'à regret encor, j'en prends à témoignage
Auguste dont ici nous encensons l'image:
Puisqu'à mon rang Pison n'a pas voulu donner
L'excuse qu'attendait mon cœur pour pardonner;
Puisqu'il cherche ma haine, enfin je la lui jure.
Il verra si je suis insensible à l'injure;
Si, pour le ramener au chemin du devoir,
Je manque de courage ou manque de pouvoir.
Après un tel éclat, je doute qu'il s'attende
A rester plus longtems aux lieux où je commande:
Je l'exige, Marcus, qu'il en sorte aujourd'hui;
Qu'il en sorte, ou demain je marche contre lui.
Pour s'attacher l'armée, en vain sa politique
A banni de nos rangs la discipline antique; (4)
Le désordre imprudent dont il veut s'étayer,
Peut affliger mon cœur et non pas l'effrayer.
Marcus, tout vrai Romain me restera fidèle;
J'en compte assez encor pour réduire un rebelle:

Vous êtes de ce nombre; et c'est vous que mon choix
Chargerait de venger et le culte et les lois,
Si le coupable, ami, n'était pas votre père.
Votre âme est, je le sais, ferme autant que sévère;
De votre dévoûment je ne saurais douter;
Mais à tous vos chagrins ai-je droit d'ajouter
Ceux qu'entraine un effort presqu'au-dessus de l'homme,
Et qu'un Romain ne doit qu'au seul salut de Rome?

MARCUS.

Prince, cette pitié, que votre noble cœur
Malgré son courroux même accorde à mon malheur,
Adoucit un moment les peines de mon âme.
Je connais mon devoir, je sais ce qu'il réclame;
J'en rends d'autant plus grâce à cette humanité
Qui daigne en modérer l'affreuse austérité.
C'est de mon père seul que j'ai droit de me plaindre:
Vous défendez les lois, il ose les enfreindre ;
Et, si dans son erreur il s'obstine aujourd'hui,
Le cruel, il m'oblige à me perdre avec lui;
A partager, au gré du sort qui nous opprime,
Son malheur que j'épouse en détestant son crime.

(Il sort.)

SCÈNE III.

GERMANICUS, SENTIUS, VÉRANIUS; suite.

GERMANICUS.

Pison méritait-il un fils si généreux !

(à Véranius.)

Quoi qu'il en soit, suivez mes ordres rigoureux.
Il importe au repos du peuple et de l'armée
Que l'Asie à Pison soit pour jamais fermée.
C'est par trop prolonger cet insolent débat.

(à Sentius.)

Demain vous partirez. Je dois compte au sénat,
Je dois compte à Tibère, en cette circonstance,
Non pas de ma rigueur, mais de mon indulgence
Avec un téméraire, en ces jours malheureux
Moins coupable peut-être envers moi qu'envers eux.
Que Pison, cette fois, obéisse ou qu'il tremble.
Vous recevrez bientôt mon dernier ordre.

(Il sort.)

SCÈNE IV.

SENTIUS, *seul.*

Il semble
Qu'il ait lu dans mon cœur, et se fasse un plaisir
De la contrarier dans son secret désir.

A l'ordre qu'il me donne, il semble enfin qu'il sache
Quel intérêt puissant à ces lieux me rattache.
Ces honneurs, ce pouvoir, ce rang qui m'est promis,
Il doit les conserver tant qu'il vivra!..... Frémis.
Sur les bords de l'abîme où le destin t'entraîne,
Ah ! si l'ambition conspire avec la haine,
Du piége épouvantable où s'engagent tes pas
L'amour du monde entier ne te sauvera pas.
Que peut, infortuné, cet univers qui t'aime,
Contre Pison, Tibère, et peut-être moi-même !

SCÈNE V.

SENTIUS, SÉJAN.

SÉJAN.

Au sort qui vous attend n'avez-vous pas pensé? (5)

SENTIUS.

Je pense à mon devoir.

SÉJAN.

César est offensé;
Son intérêt, pour vous est le seul légitime.

SENTIUS.

J'ai pour Germanicus moins d'amour que d'estime.

SÉJAN.

S'il en devient indigne ?

SENTIUS.

Il a rompu nos nœuds.
Mais quoi, Germanicus n'est-il plus vertueux ?

SÉJAN.

Ce doute, je le crois, surprendrait fort Tibère.
Un fils innocemment fait-il trembler son père ?
Un prince innocemment... mais sur de tels secrets
Pourquoi donc arrêter nos regards indiscrets ?
Tibère a prononcé ; que voulez-vous encore ?
Ignorons, croyez-moi, ce qu'il veut qu'on ignore ;
Imprudent serviteur, voulez-vous aujourd'hui
Vous établir arbitre entre son fils et lui ?
Ah ! loin de consulter, dans le doute où nous sommes,
Cette équité qu'on doit au vulgaire des hommes,
Examinons, Seigneur, d'un œil désabusé,
Quel est l'accusateur et quel est l'accusé.
Songeons aux droits du trône, à cette politique
Qui fonde et qui maintient la sûreté publique,
Et sans éclat surtout s'applique à prévenir
Ces crimes qui, commis, ne peuvent se punir.
N'oublions pas enfin qu'ici tout est mystère ;
Qu'un prince en voyant tout quelquefois doit tout taire.

Et, sous un voile épais, savoir habilement
Ainsi que le forfait cacher le châtiment.
Frapper sans bruit, Seigneur, tel est l'ordre suprême.

SENTIUS.

Et cet ordre où doit-il s'accomplir?

SÉJAN.

Ici-même.

SENTIUS.

Bientôt?

SÉJAN.

Dès aujourd'hui,

SENTIUS.

Quels moyens?

SÉJAN.

Les plus prompts.

SENTIUS.

Et sur qui comptez-vous?

SÉJAN.

Sur Pison. Ses affronts,....

SENTIUS.

Un grand prix l'attend donc pour un si grand service?

SÉJAN.

Vous ne l'envîrez pas.

(283)

Mais encor, la justice.....

SÉJAN.

Ne vous dit-elle pas qu'aux yeux de l'empereur
Pison est un objet et de crainte et d'horreur?

SENTIUS.

Pison !

SÉJAN.

Par lui César veut perdre un téméraire ;
Mais refusera-t-il aux larmes de la Terre
Le sang d'un furieux, exécrable aux Romains,
Qui dans le sang d'Auguste aura trempé ses mains?
A l'y déterminer nos efforts doivent tendre.

SENTIUS.

De moi, je vous l'ai dit, César peut tout attendre,

SÉJAN.

Contraint (vous en devez pénétrer la raison)
De fuir, jusqu'au succès, les regards de Pison,
C'est aussi par vos soins, c'est par leur entremise
Que je veux terminer cette grande entreprise,
Dont vous devez bientôt recueillir tout le fruit.

SENTIUS.

Il importe, avant tout, que vous soyez instruit
Des obstacles nombreux qu'il faudra....

SÉJAN.

Je les brave.
Sentius, sous le nom et l'habit d'un esclave,
Je puis tout; cet anneau, remis entre mes mains,
Change mes volontés en décrets souverains:
C'est le sceau de César, qui confirme d'avance (6)
Tout ce que j'aurai fait pour servir sa puissance.
Nos succès toutefois ne me paraîtront sûrs
Que quand Pison sera revenu dans ces murs.

SENTIUS.

Apprenez donc, Seigneur, qu'à nos projets funeste,
Un ordre le bannit de l'Orient.

SÉJAN.

Qu'il reste.
Il ne doit pas quitter encor ces régions.
Qu'il revienne ici même au cri des légions.
Il leur plaît: vous savez qu'il s'est fait une étude
De flatter tous les goûts de cette multitude,
Qui, pour son corrupteur contre son général,
Prête à s'armer, Seigneur, n'attend plus qu'un signal:
Donnons-le.

SENTIUS.

Mais le prince a parlé. Sa menace
Du fier Pison peut-être étonnera l'audace.
Son fils qui la lui porte en est intimidé.
Peut-être qu'au départ il l'aura décidé;
Ce fils, qui, du devoir observateur sévère,
Ne respecte pas moins le prince que son père.

SÉJAN.

N'importe! je n'en crains aucune trahison,
Si Plancine, Seigneur, est auprès de Pison.

SENTIUS.

Cette femme, il est vrai, que dévore l'envie,
Et qu'enhardit surtout l'amitié de Livie,
Porte un cœur plus féroce encor que son époux.
Pour présenter la coupe ou pour frapper les coups,
On pourrait au besoin s'en fier à son zèle.
Le mal même inutile a des attraits pour elle.

SÉJAN.

Que sera-ce aujourd'hui, que ce premier attrait
Va se fortifier d'un plus grand intérêt,
Et qu'en perdant l'objet offert à sa colère,
Elle croira gagner la faveur de Tibère?

SENTIUS.

Sans perdre un seul moment, Seigneur, je vais la voir.

SÉJAN.

Allez donc; réveillez sa crainte et son espoir.
Prouvez-lui que sa perte, aujourd'hui résolue,
Peut par celle du prince être encor prévenue;
Qu'on ne peut, pour sortir de cette extrémité,
Frapper un coup trop fort et trop précipité.
Irritez son humeur inquiète et jalouse
Contre Germanicus et contre son épouse,
Qui, du noble Agrippa digne postérité,
Et chère aux légions par sa fécondité,
Partage avec l'objet de sa tendresse austère
La haine de la cour et l'amour de la Terre.
Que Plancine, en un mot, en son aveuglement,
D'un projet qui la perd se faisant l'instrument,
Entraîne son époux sur les bords de l'abîme
Où Pison doit tomber en poussant sa victime.

SENTIUS.

Vos vœux seront remplis.

(Il sort.)

SCÈNE VI.

SÉJAN, *seul.*

O pouvoir! ô grandeurs,
Quel charme exercez-vous sur presque tous les cœurs!

Sur tous! Bien que le sage autrement en décide,

Le moins ambitieux n'est que le plus timide.

Esprit faible, effrayé de ce qu'il faut braver

Et pour vous acquérir et pour vous conserver,

Il feint de mépriser ce qu'il ne peut atteindre.

Dévoré d'une soif que rien ne peut éteindre,

Paré, selon les tems, de vices, de vertus,

Le reste, sur les pas des Césars, des Brutus,

Par des chemins divers poursuit le rang suprême,

Et parfois le surprend dans la liberté même.

Je les imiterai quand il en sera tems;

Quand, pour déterminer les esprits inconstans,

Il ne me faudra plus qu'un titre qui déguise

Et le but et l'effet de ma haute entreprise.

A commander aussi je me sens destiné.

Qui m'en empêcherait? Séjan, n'es-tu pas né

Plus éloigné du rang où ton choix délibère

Qu'à présent tu ne l'es du trône de Tibère?

Quoi qu'il en soit, servons notre maître aujourd'hui;

Frappons un coup qui va me rapprocher de lui;

Dans un héros, proscrit par l'amour qu'il inspire,

Frappons un héritier de ce trône où j'aspire;

Pour trahir le tyran gardons-lui notre foi......

N'ayons dans ce projet de confident que moi.

Fin du premier Acte.

ACTE II.

SCÈNE PREMIÈRE.

PLANCINE, MARCUS.

PLANCINE.

Oui, mon fils, Agrippine est faite pour l'empire ;
Comme vous je le crois, et comme vous j'admire,
En ses moindres discours et jusqu'en son maintien,
L'orgueil qu'elle a puisé dans un sang plébéien.
Toutefois je ne puis fléchir sous sa puissance.
La fierté des Plancus, auteurs de ma naissance,
Qu'à celle des Pisons mon cœur sait allier,
Jusqu'à ce point en moi n'apprit pas à plier.
Mais parlons du motif qui dans ces lieux m'amène,
Ces lieux où je n'inspire et ne sens que la haine ;
C'est vous, mon fils, vous seul que je viens y chercher.
D'un odieux parti je veux vous détacher.

MARCUS.

M'en détacher, Madame, ah ! cessez d'y prétendre.
D'un Romain, d'un soldat, tout ce que peut attendre

Le prince dont il tient sa gloire et son bonheur ;
Germanicus toujours l'a trouvé dans mon cœur ;
Et ses nombreux bienfaits, quelque soit votre blâme,
Lui donnent à jamais tout pouvoir sur mon âme.
Vous en étonnez-vous? Votre esprit prévenu,
Dans ce héros, ma mère, aurait-il méconnu
Et ce vaste génie et ce grand caractère
Qui dans Jule annonçaient le maître de la Terre?
Actif, infatigable, invaincu comme lui,
Quand je le vois de Rome et l'amour et l'appui,
Tempérant la fierté des vertus héroïques
Par la simplicité des vertus domestiques,
Être même adoré des rois qu'il a vaincus ;
J'admire, ah! disons mieux, j'aime en Germanicus,
Jeune encor par son âge, et vieux par ses services,
Les vertus de César affranchi de ses vices.
Quoi de plus? Chaque jour semble multiplier
Les nœuds dont sa bonté se plaît à me lier.
Vous ne l'ignorez pas. C'est peu que mon courage
Sous lui de l'art de vaincre ait fait l'apprentissage ;
Quand aux bords du Wéser nos aigles reparus
Effaçaient et vengeaient les malheurs de Varus,
Je dus aussi la vie à ses mains généreuses,
Dans l'une de ces nuits, à jamais malheureuses, (7)
Où le commun effort et des vents et des eaux,
Au retour des vainqueurs dispersant leurs vaisseaux,

Couvrit la vaste mer de leurs mille naufrages.
Je crois l'entendre encore, à travers les orages,
Au bruit de la tempête entremêlant ses cris,
Redemandant aux flots, aux rochers, aux débris,
Ses braves compagnons livrés par la fortune
Des fureurs de Bellone aux fureurs de Neptune,
S'accuser de leur perte, et de vivre indigné,
Faire un crime au destin de l'avoir épargné.
Tels sont les droits du prince à ma reconnaissance.

PLANCINE.

Et ceux que m'a sur vous donnés votre naissance ?

MARCUS.

Mon cœur n'en a jamais mieux senti le pouvoir.
Mais ils ne me font pas oublier mon devoir ;
Mon devoir que je hais, mais dont la voix sévère
Dans mon cœur, malgré moi, s'élève contre un père.

PLANCINE.

Ainsi donc vous pensez qu'au mépris de son rang,
Qu'en dépit de l'orgueil que nous transmit son sang,
Pison doit s'avilir ?

MARCUS.

Les âmes les plus hautes
N'ont pas cru s'avilir, en réparant leurs fautes.

D'ailleurs, par quels moyens pourrait-il échapper
Aux maux de toutes parts prêts à l'envelopper,
A cette alternative, également cruelle,
De partir en banni s'il ne reste en rebelle?

PLANCINE.

Le sort, sous quelqu'aspect qu'on l'ose envisager,
Ne nous offre, en effet, que honte ou que danger.
Le danger fuit parfois l'audace qui l'affronte;
Le danger ne peut rien sur l'honneur, mais la honte:
L'asile qu'en ses bras cherche la lâcheté,
A quel horrible prix n'est-il pas acheté!
Du salut qu'on lui doit la longue ignominie
Non seulement du faible empoisonne la vie;
Mais, plus durable encore avec le souvenir,
Elle poursuit son nom jusque dans l'avenir.
Je ne puis ni céder, ni supplier.

MARCUS.

Ma mère !
En cette extrémité que voulez-vous donc faire?

PLANCINE.

Me perdre ou me sauver par quelque coup d'éclat.

MARCUS.

Le peuple est contre vous.

PLANCINE.

J'ai pour moi le soldat,
Qui sait ôter, mon fils, et donner la puissance:
Il m'est acquis, je crois, par la reconnaissance.

MARCUS.

Voilà donc vos projets ! voilà donc votre espoir !
Grands Dieux ! que de malheurs me faites-vous prévoir !
Déplorable débat ! faut-il qu'il ne s'achève
Que par l'autorité de la force ou du glaive !
Ah ! craignez les secours que vous aura prêtés
Le caprice insolent des soldats révoltés ;
Des soldats qui, par vous instruits de leur puissance,
Et dès-lors affranchis de toute obéissance,
Contre l'ambitieux qui n'a pas d'autre appui
Tourneront tôt ou tard le fer tiré pour lui.
Si l'armée à ce point s'abandonnait au crime
Que d'arracher l'empire au prince légitime,
Au prince qu'elle fut instruite à révérer,
Quelle fidélité pourrait en espérer
L'insensé dont les droits à ce grand héritage
De la révolte seule auraient été l'ouvrage ?
Pense-t-il imposer à des séditieux
Un respect qu'ils n'ont pas pour le sang de nos Dieux ?
Et pour eux des faisceaux le possesseur injuste
Sera-t-il plus sacré qu'un petit-fils d'Auguste ?

Puissent, en leur pitié, les Dieux nous garantir
D'un succès que bientôt suivrait le repentir !
Pouvons-nous oublier que le même génie
En ces murs, dans la Gaule et dans la Germanie,
D'un excès dans un autre entraîne en un instant
De nos guerriers oisifs le vulgaire inconstant ?
Peuple armé, trop semblable à la foule incertaine,
Dont l'amour est fureur aussi bien que la haine,
Et qui par les horreurs des plus sanglans transports
Signale également son crime et ses remords.

PLANCINE.

Dans les camps, dans les murs, oui, de la multitude
Telle est, je le sais trop, la constante habitude ;
Oui, trop souvent ingrat, le peuple a déchiré
La généreuse main qui l'avait délivré ;
Oui, trop souvent au joug la milice échappée
Contre un libérateur a tourné son épée.
Mais tant d'infortunés, punis de leurs bienfaits,
Des assassins peut-être auraient bravé les traits,
S'ils avaient fait sentir à la foule en colère
L'ascendant qui partout suit un grand caractère,
Lui sert de bouclier jusque sous le couteau,
D'un regard foudroyant l'arme contre un bourreau ;
Intrépide vertu, tranquillité profonde, (8)
Que n'étonnerait pas la ruine du Monde.

Mais quoi ! le tems nous presse, et des dangers pareils
Demandent des secours, et non pas des conseils.
Parlons donc sans détours. Mon fils, par un courage,
Par des exploits peut-être au-dessus de votre âge,
Vous avez, sans faiblesse et sans profusions,
Vous avez obtenu parmi nos légions,
Un crédit que n'ont pas les plus vieux capitaines.
Formerai-je, mon fils, des espérances vaines
En comptant, s'il me faut emprunter des soutiens,
Qu'en ce jour vos amis se rallîront aux miens ?

MARCUS.

Contre un persécuteur, oui, s'il faut vous défendre,
Je suis, vous le savez, prêt à tout entreprendre ;
Mais vous savez aussi qu'un rebelle aujourd'hui,
Quel qu'il soit, ne saurait compter sur mon appui.

PLANCINE.

Trahirez-vous le sang qui vous donna la vie ?

MARCUS.

Vous ne trahirez pas le devoir qui nous lie.

PLANCINE.

Si le sort m'y contraint, que ferez-vous ?

MARCUS.

                  Le sort,
S'il vous contraint au crime, aura voulu ma mort.

Mais malgré vous, malgré la fortune, j'espère
Vous sauver, sans trahir ou mon prince ou mon père.
Et sans plus différer, Madame.....

PLANCINE.

Où courez-vous ?

MARCUS.

Audevant de mon père, embrasser ses genoux,
Pour l'effrayer, ma mère, il suffit de lui dire
Les dangereux projets que ce jour vous inspire.

(Il sort.)

SCÈNE II.

PLANCINE, *seule.*

Ingrat ! plus ils sont grands les périls que je cours,
Plus je devrais pouvoir compter sur tes secours.
Sentius ne vient pas... En ce péril extrême,
Lorsque mon propre fils s'arme contre moi-même,
Sur qui puis-je compter ?... Ah ! pourquoi sans besoin
Pison a-t-il poussé l'emportement si loin !
Traverser en secret tous les projets du prince ;
Lui dérober sans bruit l'amour de la province ;
De piéges ténébreux environner ses pas ;
L'entourer d'ennemis qu'il ne soupçonne pas ;
Par un zèle imposteur dissimulant sa haine,
Doucement le conduire à sa perte certaine ;

C'est ainsi que peut-être on aurait évité
Ce choc de la révolte et de l'autorité :
Moyen dont le succès bien souvent est funeste,
Et le seul toutefois qui dans ce jour nous reste.
Mais je vois Sentius ; que vient-il m'annoncer?

SCÈNE III.

PLANCINE, SENTIUS.

SENTIUS.

A rester dans ces murs il vous faut renoncer.
Car je ne pense pas, même en ces circonstances,
Que vous puissiez céder aux coupables instances
Du soldat à mourir pour vous déterminé,
Du soldat, qui vous offre en son camp mutiné
Un asile, où des lois que vous venez d'enfreindre
Le courroux, j'en conviens, ne saurait vous atteindre.

PLANCINE.

Qu'entends-je? il se pourrait ! Mais que vois-je, grands Dieux !
N'est-ce pas Agrippine?

SCÈNE IV.

PLANCINE, SENTIUS, AGRIPPINE.

AGRIPPINE.

En croirai-je mes yeux?

Ainsi donc, au mépris des ordres légitimes
Qui ferment désormais ces remparts à vos crimes,
C'est peu pour votre orgueil que d'oser y rentrer;
Sans remords, sans terreur, on vous voit pénétrer
Jusqu'à ce tribunal que votre aspect profane.
Venez-vous y braver l'arrêt qui vous condamne?
Ou Pison pense-t-il que quelques factieux
Lui pourront obtenir, par leurs cris furieux,
Un pardon qu'à présent l'autorité suprême
Ne peut plus accorder à son repentir même?
A le désabuser je dois vous exhorter.

PLANCINE.

Quand jusqu'à la menace on l'a vu s'emporter,
On doit penser du moins que son âme est trop fière
Pour s'abaisser jamais jusques à la prière.
Soyez donc moins prodigue en conseils aujourd'hui,
Si non pour moi, Madame, inutiles pour lui:
Soit vice, soit vertu, Pison est inflexible.
Quant à moi, je l'avoue, un moment trop sensible
Aux malheurs que deux chefs, de leurs droits si jaloux,
Attireraient bientôt sur le peuple et sur nous;
Croyant que mon devoir d'épouse et de Romaine
Est non pas d'irriter, mais d'appaiser leur haine,
Peut-être à votre prince allais-je proposer......
A quels affronts, grands Dieux, j'ai pensé m'exposer!

Et combien je rends grâce à l'avis salutaire
Que daigne me donner votre franchise austère !
Je le suivrai, Madame, et je pars sans délais:
Mais, si la foule armée aux portes du palais
De l'exil où je cours me fermait le passage,
Souffrez que j'en appelle à votre témoignage,
Pour rejeter sur vous le sinistre avenir
Que j'ai prévu, Madame, et voulu prévenir;
Et devant votre époux, qui vers ces lieux s'avance,
N'allez pas m'accuser de mon obéissance.

(Elle sort.)

SCÈNE V.

AGRIPPINE, GERMANICUS, SENTIUS, VÉRANIUS.

GERMANICUS, *à Sentius.*

Partez, Seigneur, partez sans perdre un seul instant :
Au port de Séleucie un vaisseau vous attend.
Faites voile vers Rome, et portez à Tibère
Cet écrit où ma main trace un récit sincère
Des projets, des fureurs, des attentats... Mais, quoi !
Que César lise et juge entre Pison et moi.
Cette cause, Seigneur, que César s'en souvienne,
Est celle du pouvoir, et c'est surtout la sienne.

SENTIUS, *(à part.)*

Allons trouver Séjan.

GERMANICUS, à *Véranius.*

   Toi, cours aux factieux:
Peut-être on peut encor leur dessiller les yeux ;
Je connais et je plains l'erreur qui les égare.
Que par le repentir cette erreur se répare ;
Et je puis faire grâce: autrement aujourd'hui
Je dois rétablir l'ordre, ou périr avec lui.

SCÈNE VI.

AGRIPPINE, GERMANICUS.

AGRIPPINE.

Qu'as-tu dit ?

GERMANICUS.

  Ce discours t'étonnerait ?

AGRIPPINE.

      Mon âme
'Admire en ce discours la vertu qui t'enflamme;
Mais sans frémir, dis-moi, peut-elle envisager
Les périls où ce jour est prêt à t'engager?

GERMANICUS.

A la sévérité, va, si ce jour m'oblige,
Il t'épouvante moins encor qu'il ne m'afflige.

AGRIPPINE.

Tu ne prévois donc pas où pourra s'arrêter
Le feu qu'autour de nous je vois près d'éclater?

GERMANICUS.

Quand de la discipline, en son aveugle rage,
L'armée ose abjurer l'honorable esclavage;
Quand sa rébellion méconnait une fois
La dignité des chefs, la sainteté des lois;
A l'erreur qui l'égare et tôt ou tard l'obsède,
La seule lassitude est souvent le remède.
Mais avant qu'à ce joug, qu'il crut pouvoir changer,
Le soldat de lui-même accourre se ranger;
Avant que de remords sa faute soit suivie,
Que de forfaits auront signalé sa furie!
Elle éclate : ces cris, d'ici-même entendus,
Ces cris des révoltés en nos murs répandus;
Ce fer, qui sans mon ordre en leurs mains étincelle,
Tout nous en avertit; tout ici me rappelle
Ces jours de sang, ces jours où le Rhin sur ses bords (9)
Vit mes anciens soldats, par de pareils transports,
Armer contre eux des camps la justice inflexible.

AGRIPPINE.

L'outrage, la vengeance, hélas! tout fut terrible,
Dans ces jours de révolte et d'opprobre et d'horreur,
Où, dans le repentir retrouvant sa fureur,

Le rebelle entraînait le rebelle au supplice,
Et se faisait bourreau pour n'être pas complice !

GERMANICUS.

Cesse donc d'ajouter aux trop nombreux tourmens
Qui déchirent mon cœur en ces affreux momens,
Les craintes qu'en ces lieux me donne ta présence.
J'ai besoin, tu le vois, de toute ma constance:
Si tu veux me la rendre, avant tout sauve-moi
Du malheur de trembler pour nos enfans, pour toi;
Et, loin de ces remparts d'où mon amour t'exile,
Hors du monde romain va chercher un asile.

AGRIPPINE.

Moi, fuir! En quels climats irais-je demander
L'asile que ton camp ne peut plus m'accorder ?
De ses armes partout Rome a porté l'outrage;
Et, tu le sais trop bien, l'Univers se partage
Entre un peuple vainqueur ennemi des humains,
Et cent peuples vaincus ennemis des Romains.
N'avons-nous pas à craindre, en ces périls extrêmes,
Les ennemis de Rome et les Romains eux-mêmes ?

GERMANICUS.

Va, les Romains eux seuls sont nos vrais ennemis.
Mais loin d'eux un asile à ta fuite est promis:

L'Arménie à ma voix déjà te le prépare.
Son roi.....

AGRIPPINE.

Te confier à la foi d'un barbare,
Quand tu te vois trahi par tes propres soldats!

GERMANICUS.

Les barbares du moins ne sont pas des ingrats.
Le fils de Polémon tient de moi sa puissance,
Et nous pouvons compter sur sa reconnaissance. (10)

AGRIPPINE.

Les peuples et les rois en ont-ils, cher époux?
Va, n'attendons rien d'eux et n'espérons qu'en nous.

GERMANICUS.

C'est être même injuste envers l'âge où nous sommes,
Que de douter ainsi du cœur de tous les hommes.
Pars sans plus différer.

AGRIPPINE.

Qui, moi! t'abandonner.

GERMANICUS.

Je le veux.

AGRIPPINE.

Je ne puis.

GERMANICUS.

Faut-il te l'ordonner ?

AGRIPPINE.

T'ai-je donné le droit, par mon indifférence,
De compter aujourd'hui sur mon obéissance ?

GERMANICUS.

C'est ton amour lui seul que j'implore.

AGRIPPINE.

       Cruel !
Au nom de cet amour si longtems mutuel,
Cesse de m'imposer un devoir si pénible,
Un devoir que ton cœur trouverait impossible.
Méconnais-tu mes droits ? de l'hymen je les tiens.
Ces droits seraient-ils donc moins sacrés que les tiens ?
Tu ne le croyais pas dans les jours de ta gloire.
Je leur ai dû ma place en ton char de victoire ;
Je leur ai dû ma part dans les nombreux bienfaits
Dont la faveur d'Auguste a payé tes succès :
Dans les périls que veut affronter ton courage,
Comme dans ton bonheur, tu leur dois un partage.
Je l'exige. Ah ! je vois ton grand cœur se troubler ;
Quand tu trembles pour moi, pour toi je puis trembler.
Par pitié pour l'effroi qui de mon cœur s'empare,
Entre tous les malheurs que ce jour me prépare,

Accorde-moi du moins la faveur de choisir.

Ah! même entre tes bras dût la mort me saisir,

Ne me les ferme pas, barbare! je préfère

La mort qui sous tes yeux finirait ma misère,

A ce funeste exil où j'irais achever

Des jours que tu proscris en voulant les sauver.

Je ne te quitte pas; dussé-je être importune,

Je ne te quitte pas; partout où la fortune,

Partout où le pouvoir enchaînera tes pas,

En exil, à la mort, je ne te quitte pas.

Même au milieu des rangs où ton impatience

Va braver la révolte et punir la licence,

Je suivrai mon époux. L'épouse de Pison

Peut-être en ce moment y sert la trahison;

J'y servirai l'honneur: la vertu qui m'anime

N'aura pas moins d'audace aujourd'hui que le crime!

Marchons, si tu m'en crois; marchons, dis-je.

GERMANICUS.

Un moment.

Pourquoi t'abandonner à tant d'emportement?

Crains d'imiter Plancine en son délire extrême,

Et redoute l'excès jusqu'en la vertu même.

Que Plancine, oubliant cette timidité

Qui sied à la faiblesse ainsi qu'à la beauté,

Dépouille de son sexe et la force et la grâce,

Et coure aux yeux d'un camp étaler son audace;

Soit : mais que, sans mépris toi qui ne peux la voir,
Sur ses égaremens tu règles ton devoir,
Je dois m'en étonner. Ce n'est pas que je blâme
Toute intrépidité dans le cœur d'une femme ;
Mais j'y veux le courage et non pas la fureur,
Et ce courage aussi doit avoir sa pudeur.
Ce courage, conforme à ton grand caractère,
Aux vertus d'une épouse, aux devoirs d'une mère,
Est celui d'obéir lorsque je te défends
De m'aimer plus que toi, plus que nos chers enfans,
Ces gages précieux d'une union féconde,
Cet espoir de l'armée, et de Rome et du monde,
Que l'amour et l'orgueil ne te permettent pas
D'exposer plus longtems aux fureurs des ingrats.
Sois mère. Les efforts qu'il te faut pour les suivre
Dans l'exil salutaire où près d'eux tu dois vivre,
Sont-ils plus douloureux, plus cruels que les miens,
Quand il faut m'arracher de leurs bras et des tiens ?

SCÈNE VII.

AGRIPPINE, GERMANICUS, VÉRANIUS; FEMMES
DE LA SUITE D'AGRIPPINE ; AMIS DE GERMANICUS.

VÉRANIUS.

La révolte, un moment à votre nom calmée,
Avec plus de fureur est partout rallumée,

(3o6)

Prince ; dans les transports qui troublent sa raison ,
Le soldat , à grands cris , redemande Pison ,
Qui jusque dans ces murs vient vous braver lui-même.

GERMANICUS , *à ses amis et aux femmes de la suite*
d'Agrippine , en leur remettant Agrippine.

Amis, guidez ses pas dans ce péril extrême ;
Qu'elle parte ; il le faut.

AGRIPPINE.

Moi!

GERMANICUS.

Reçois mes adieux.

AGRIPPINE.

Te quitter !

GERMANICUS.

(à Véranius.)

Il le faut. Marchons aux factieux.

(Il sort après avoir remis Agrippine au cortége qui
doit l'accompagner.)

Fin du second Acte.

ACTE III.

SCÈNE PREMIÈRE.

MARCUS, AGRIPPINE.

AGRIPPINE.

J'AIME à le répéter, c'est vous dont le courage
Des révoltés, Marcus, a désarmé la rage;
C'est vous qui, prévenant de nouveaux attentats,
Sous le joug du devoir ramenez nos soldats.
Dans le camp, dans ces murs, la paix vient de renaître:
Mon époux vous la doit; je vous dois plus peut-être!

MARCUS.

Vous!

AGRIPPINE.

Moi, moi que la paix ramène en ce séjour
Qu'avait à ma tendresse interdit son amour.

MARCUS.

Oui, réparant l'erreur qui causait vos alarmes,
Nos soldats à vos pieds ont déposé les armes;

Mais le remords subit d'où naît un si grand bien,
Madame, est votre ouvrage encor plus que le mien.
Malgré tous les efforts qu'avait tentés mon zèle,
Le trouble allait croissant ; déjà l'aigle rebelle
S'élançait vers ces murs ; déjà les factieux
Dirigeaient sur son vol leurs pas séditieux.
Traversant tout-à-coup leur marche sacrilége,
Vous paraissez : ce noble et malheureux cortége, (11)
Ces femmes, ces enfans attachés à vos pas,
Le dernier de vos fils pleurant entre vos bras,
Fixent tous les regards... A ces cris qu'ils entendent,
Les soldats interdits s'arrêtent, se demandent :
Pourquoi ces pleurs ? pourquoi ce morne abattement ?
Sans autre escorte, amis, par quel évènement
Voyons-nous des Césars et l'épouse et la fille,
Dans l'exil avec elle entraîner sa famille ?
Bientôt la voix publique apprend à ces ingrats
Que le prince, doutant de ses propres soldats,
Lègue cette famille à la foi d'un barbare.
Même des plus mutins la honte alors s'empare ;
Et la honte a bientôt fait place à la pitié.
« S'il ne vous semble pas assez justifié
» L'immortel déshonneur qu'un héros vous imprime
» Que tardez-vous ? leur dis-je, achevez votre crime.
» Ennemis du sénat et du peuple romain,
» Ennemis de César, le feu, le fer en main,

» Bravant des trois pouvoirs la majesté suprême,

» Assiégez votre chef jusqu'en son palais même.

» Ah! plutôt courez-y, par un prompt repentir,

» Détourner les malheurs prêts à s'appesantir

» Sur tout soldat parjure au devoir qu'il s'impose.

» Si Pison vous est cher, défendez mieux sa cause;

» Et venez, d'un héros embrassant les genoux,

» Implorer sa bonté pour mon père et pour vous.

» Venez, dis-je.» A ces mots tout a changé de face;

L'accent du repentir succède à la menace;

L'ordre renaît; les rangs oubliés sont repris;

On vous porte en triomphe; et votre époux, surpris

Du prodige imprévu qui soudain l'environne,

Prêt à punir, vous voit, vous embrasse et pardonne.

AGRIPPINE.

Trop généreux Marcus! ah! comment mon époux
Pourra-t-il aujourd'hui s'acquitter envers vous?

MARCUS.

Déjà de sa bonté j'ai des preuves certaines,
Et comme vous je touche au terme de mes peines.

AGRIPPINE.

Qu'aurait donc fait pour vous le prince?

MARCUS.

Il a promis

Qu'à se justifier Pison serait admis.

AGRIPPINE.

Lui, se justifier! le peut-il?

MARCUS.

Je l'espère.

AGRIPPINE.

Un rebelle!

MARCUS.

Arrêtez.

AGRIPPINE.

Un traître!

MARCUS.

Il est mon père.

AGRIPPINE.

Pardonnez, je l'oublie en voyant vos vertus.

MARCUS.

Oubliez ses erreurs. Déjà Germanicus,

(Il montre la statue.)

Déjà le fils d'Auguste, imitant sa clémence,

A laissé par des pleurs désarmer sa vengeance.

S'il est vrai qu'aux exploits par mon zèle entrepris
Votre bonté, Madame, attache quelque prix,
Ne m'en refusez pas le plus noble salaire :
Ne me repoussez pas ; laissez votre colère
Condescendre à des vœux qu'exauce votre époux,
Et qu'avec moi mon père exprime à vos genoux,

AGRIPPINE.

Pison se repentir !

MARCUS.

Mon bonheur vous l'atteste.

AGRIPPINE.

Puisse tant de bonté ne t'être pas funeste,
Cher époux !... Pison vient. Marcus, je sens l'effroi
Dans le fond de mon cœur renaître malgré moi.
Sortons.
(Pison l'observe avec attention.)

SCÈNE II.

MARCUS, PISON.

PISON.

A mon aspect tu vois fuir la princesse.
Se peut-il que jamais tant d'inimitié cesse ?

MARCUS.

Faible et dernier effet de ces ressentimens
Qui vont s'anéantir à vos premiers sermens.

PISON.

Et quand daignera-t-on les recevoir ?

MARCUS.

Le prince
A convoqué les grands, les chefs de la province,
Que sa sincérité veut prendre pour garans
Du mutuel oubli de vos longs différends.

PISON.

Dis plutôt, dis, mon fils, pour témoins de l'outrage
Qu'aujourd'hui son orgueil réserve à mon courage.

MARCUS.

De semblables soupçons ne vous sont pas permis.

PISON.

Tu le crois ?

MARCUS.

J'en réponds.

PISON.

Et que t'a-t-on promis ?

MARCUS.

Qu'à l'heure où le sénat, le peuple, les rois même,
Viennent attendre ici la volonté suprême,
César vous entendrait.

PISON.

Ne permettra-t-on pas
A mes tristes amis d'accompagner mes pas?
Leur faute fut la mienne; et ce jour, je le pense,
Leur permet d'aspirer à la même indulgence.

MARCUS.

Ces lieux à vos amis ne seront pas fermés;
Ils peuvent comme vous s'y montrer désarmés.

PISON.

Désarmés!

MARCUS.

Cette loi, mon père, vous étonne?

PISON.

A la foi de ton prince en tout je m'abandonne.
J'en veux donner l'exemple à mes trop fiers cliens;
D'ailleurs, le fer sied mal aux mains des supplians.
(Il se désarme.)

MARCUS.

Mon père, c'est ainsi qu'une âme peu commune
Se fait une vertu conforme à sa fortune.

Que j'aime en vous ce cœur assez grand, assez fort
Pour oser reconnaître et réparer un tort !
Sur le respect public l'autorité se fonde :
Celui qui nous est dû par le reste du monde,
Ne le refusons pas au fils de nos Césars.
La paix fuirait nos murs, l'ordre nos étendards,
Si, dans cet instant même où le camp vous contemple,
Vous ne raffermissiez, par un utile exemple,
Les droits qui de l'État sont les premiers soutiens :
Respecter ceux d'autrui, c'est consacrer les siens.

PISON.

Va trouver mes amis ; presse-les de se rendre
Devant ce tribunal où je viens les attendre.

MARCUS.

Vous serez satisfait, et de ce pas j'y cours.
On vient. Dieux ! c'est ma mère. Ah ! puissent ses discours
Ne pas détruire, ainsi qu'une vaine chimère,
Les projets.....

PISON.

Ils seront approuvés par ta mère.

SCÈNE III.

PISON, PLANCINE.

PLANCINE.

Vous ici, vous Pison ! Je n'imaginais pas
Que vous dussiez jamais y reporter vos pas,
Tant que Germanicus régnerait en Syrie.
Je n'ai point approuvé votre aveugle furie,
Égarement d'un cœur cette fois trop ardent,
Quand d'un bras sacrilége, et surtout imprudent,
Vous avez contre vous, par un public outrage,
Des Dieux et des humains armé la double rage :
Mais j'approuve encor moins l'excès d'abaissement
Qui tout-à-coup succède à tant d'emportement,
Et comme un criminel qui vient demander grâce,
Vous ramène en ces lieux qu'étonnait votre audace.
J'y viens aussi, j'y viens ; mais pour vous déclarer
Que ce jour est celui qui doit nous séparer.
Je peux, de votre gloire inséparable amie,
Partager vos malheurs, mais non votre infamie.
J'abhorre vos projets ; si vous y persistez,
Déshonorez-vous seul ; pour moi, je pars.

PISON.

Restez.

PLANCINE.

Pour voir se consommer ta honte et ma ruine?

PISON.

Reste, pour t'enivrer des larmes d'Agrippine.

PLANCINE.

Agrippine pourrait pleurer sur nos malheurs!

PISON.

C'est sur ses propres maux que vont couler ses pleurs.

PLANCINE.

Quel jour à tous ses vœux fut jamais plus propice?
Germanicus triomphe.

PISON.

Au bord du précipice.

PLANCINE.

Il y serait tombé sans ton fils et sans toi.

PISON.

Il y tombe.

PLANCINE.

Et qui va l'y précipiter ?

PISON.

Moi.

PLANCINE.

Toi, Pison !

PISON.

Moi, Plancine ! Et quelle autre espérance
M'a fait de la faiblesse emprunter l'apparence ?
Mais toi, dans ton époux peux-tu soupçonner rien
Que doive réprouver ou ton cœur ou le sien ?
Dans les premiers transports d'une aveugle furie,
J'avais songé, Plancine, à quitter la Syrie:
Plus calme enfin, je vois quel prix m'eût rapporté
Un projet si timide et si mal concerté,
Le mépris et l'horreur dont m'eût chargé la terre,
Et surtout quel accueil m'eût réservé Tibère.
Jamais à son neveu pourra-t-il pardonner
La faveur dont le peuple aime à l'environner ?
Quand il lui déféra l'empire de l'Asie,
Sa politique, ou mieux, disons sa jalousie,
Sous l'éclat des honneurs s'efforça de cacher
Qu'à l'amour de l'Europe il voulait l'arracher,
Et; loin des légions qui faisaient sa puissance,
A notre inimitié le livrer sans défense.
Mais tels étaient, tels sont ses sentimens secrets.
Les ai-je bien servis ces communs intérêts ?
Non: favorable au prince, il faut que j'en convienne,
J'ai bien moins assuré sa perte que la mienne

Et n'ai fait que donner à son cœur indigné
Le droit de me punir de l'avoir épargné.
Réparons tant d'erreurs. J'ai déjà su contraindre
Mon orgueil à fléchir, et ma vengeance à feindre ;
Devant un ennemi qui m'allait échapper
Je saurai m'incliner, mais c'est pour le frapper.
Dans ce projet, qui sauve et ma gloire et ma vie,
Reconnais les conseils que m'a donnés Livie,
Et qui, par des chemins qu'elle aime à nous cacher,
Aujourd'hui même encor sont venus me chercher.
Je les exécutais, Plancine, et sans escorte
D'Antioche déjà je franchissais la porte ;
Quand, abordé soudain par mon indigne fils,
J'apprends quel noble effort ont tenté mes amis,
Quel obstacle il oppose à leur fureur fidèle,
Et quel accès ici m'a ménagé son zèle.
Cet insolent bienfait, je veux le mériter ;
Et tu verras bientôt si j'en sais profiter.

PLANCINE.

Dans le noble projet conçu par ta grande âme,
Que j'aime à retrouver la fureur qui m'enflamme !
Ah ! pardonne aux soupçons où j'ai pu m'égarer ;
L'aspect de ton fils seul doit me les inspirer.
Traître à nos intérêts, dans mon erreur extrême,
J'ai cru qu'à les trahir il t'entraînait toi-même.

PISON.

En suivant son projet, c'est lui qui sert le mien.

PLANCINE.

Poursuis donc : mais, Pison, n'est-il pas un moyen
Préférable à celui que ta fierté veut prendre?

PISON.

Au poignard?

PLANCINE.

Tu n'as pas oublié qu'Alexandre
Au milieu de sa cour mourut empoisonné,
Sans qu'on ait pu savoir par qui lui fut donné
Ou l'aliment perfide, ou le fatal breuvage.

PISON.

Plancine, un tel moyen répugne à mon courage.
Livie à l'employer m'a jadis invité ;
A lui plaire en ce point j'ai toujours hésité.
Je ne m'y résoudrai, s'il faut parler sans feindre,
Qu'autant qu'un ordre exprès viendrait pour m'y contraindre,
Et que Tibère ici m'enverrait pour signal
Cet anneau qui, semblable à celui d'Annibal, (12)
Cache un poison pareil au poison par qui Rome
Vit enfin s'achever les jours de ce grand homme.
A ce sujet voilà tout ce que j'ai promis.
Mais brisons ces discours : j'apperçois nos amis.

Sachons, Plancine, avant que de rien entreprendre,
Quel secours de leur zèle il m'est permis d'attendre.

SCÈNE IV.

PLANCINE, PISON, CONJURÉS.

*(Toute cette scène doit être débitée d'un ton mystérieux
et à demi-voix.)*

UN CONJURÉ.

Que prétends-tu, Pison?

PISON.

Pour soutenir vos droits,
Pour les accroître, amis, j'ai tout fait, et je crois
Avoir excédé même, en plus d'une occurrence,
Les bornes qu'à mon zèle opposait la prudence.
Vous accordant toujours plus que je n'ai promis,
Je vous ai tout livré, je vous ai tout permis;
Soit lorsque du trésor tari par mes largesses,
Ma prodigue amitié grossissait vos richesses;
Soit lorsque des Césars les favoris chassés
Par vous dans les honneurs se sont vus remplacés.
Ah! si votre fortune, à mes vœux mesurée,
Pouvait de ma puissance excéder la durée,
Comme je me rirais des caprices du sort!
Comme vous me verriez, en butte à son effort,

D'un front inaltérable accueillir la tempête,
Et succomber plutôt que de courber la tête !
Mais je tremble pour vous : puis-je, si je péris,
Ne pas vous écraser du poids de mes débris,
Ne pas vous entraîner jusqu'au fond des abîmes
Que m'ouvrent des bienfaits où l'on veut voir des crimes?
Tout à ces sentimens, je n'en suis que plus prêt
A m'immoler encore au commun intérêt.

>   *(Avec mystère.)*

Qu'ordonne-t-il ? Parlez. C'est à vous de m'apprendre
Le parti que pour vous il m'importe de prendre.

>   LE PREMIER CONJURÉ *(même ton.)*

Si dans mon désespoir je ne m'abuse, amis,
Entre deux partis seuls le choix nous est permis:
Ou subissons, aux yeux d'Antioche surprise,
Un pardon qui n'est fait que pour ceux qu'on méprise;
Ou sachons ressaisir, par un dernier effort,
Le pouvoir qu'on ne doit perdre que par la mort.

>   UN DEUXIÈME CONJURÉ.

C'est l'opprobre ou l'honneur.

>   PLANCINE.

>   Eh ! quelle âme romaine
Entre ces deux partis peut rester incertaine ?

LE SECOND CONJURÉ.

Songez d'ailleurs , songez qu'avec l'autorité
Il vous faut renoncer à la sécurité ;
Et que la liberté qu'on feindrait de vous rendre,
Est un bien que sans risque on pourra nous reprendre,
Dès que, tombés du rang dont nous avons joui....

LE PREMIER CONJURÉ.

Mais est-il un moyen de le conserver ?

PISON.

Oui.

LE PREMIER CONJURÉ.

Parle.

PISON.

Notre ennemi va paraître. Le prince
Devant les grands, devant les chefs de la province,
Vient étaler ici l'excès de son bonheur,
Moins encor que celui de notre déshonneur.
Quel plaisir en effet pour sa faiblesse altière !
Des Romains à ses pieds, Pison dans la poussière,
Lui faisant de leurs droits un honteux abandon ,
De sa bouche à ce prix obtiendraient leur pardon !
Non. Prenons pour témoins d'une juste vengeance
Les témoins rassemblés par sa feinte indulgence.
Il veut du dictateur affecter les vertus :
Il croit être César ; qu'il rencontre un Brutus.

A nos ressentimens, dans ses justes alarmes,
En vain sa prévoyance a défendu les armes :
Il m'en reste une encor; celle qu'un vrai Romain
Tient toujours sur son cœur, tient toujours sous sa main ;
Noble et dernier recours contre l'ignominie !
Noble et dernier recours contre la tyrannie !
La voici.

(En leur montrant un poignard qu'il tire de son sein.)

   Dès l'instant où, par vous entouré,
Germanicus des siens se verra séparé ,
Qu'il tombe, comme on vit César au Capitole,
Victime au même instant qu'il s'était fait idole,
Expier, sous ce fer redoutable aux tyrans ,
Des bienfaits plus réels et des mépris moins grands.
Ainsi vous conservez les droits qu'on vous conteste ;
Ainsi l'honneur, ainsi la liberté vous reste.
Du prince, après ce coup, si quelques partisans
Élèvent quelques cris, ces cris insuffisans
Seront bientôt couverts, je me plais à le croire,
Par ceux de la milice et des chefs du prétoire,
Dont l'amour, qui tantôt vient encor d'éclater,
Ne saurait me trahir quand je puis l'acheter.
Amis, que ce projet à l'instant s'accomplisse !

LES CONJURÉS.

Qui !

PISON.

Quand Germanicus paraîtra, qu'il périsse
Dans le piége où lui-même il vient s'envelopper !
Sachez le retenir, je saurai le frapper.

SCÈNE V.

PLANCINE, PISON, MARCUS, LES CONJURÉS.

MARCUS.

Le frapper, qui ? grands Dieux ! Germanicus ?

PLANCINE.

Ah ! traître !

PISON.

Quand ton père est proscrit, tu trembles pour ton maître !

MARCUS.

Je tremble pour vous seul ; j'entrevois vos complots ;
Je dois les prévenir.

PISON.

Aux pieds de ton héros
Cours donc nous accuser.

PLANCINE.

Cours dénoncer ton père.

MARCUS.

Je cours sauver mon prince.

PLANCINE.

Arrête !

MARCUS.

Et vous, ma mère,
Et vous, assassinez votre fils qu'aujourd'hui
Vous trouverez partout entre vos coups et lui.

PLANCINE.

Mes amis, quoiqu'il fasse, achevez votre ouvrage.

PISON.

Je n'eus jamais besoin d'un aussi grand courage.

MARCUS *(dans le fond du théâtre.)*

Licteurs, d'un double rang ceignez ce tribunal.

LE SECOND CONJURÉ.

Le prince vient.

PLANCINE.

Moment heureux !

MARCUS.

Instant fatal !

SCÈNE VI.

PISON, PLANCINE, CONJURÉS, MARCUS, GERMANICUS, SUITE.

(On distinguera facilement dans cette scène les passages qui doivent être débités à demi-voix : au reste, ils sont indiqués par un signe.)

GERMANICUS. *(Il entre accompagné d'un seul homme en toge, portant à la main l'épée de Pison.)*

Autour de moi pourquoi ces faisceaux et ces armes?
Il est passé, Romains, le moment des alarmes.
Un semblable appareil ne vous est plus permis.
(Aux licteurs)
Sortez : je ne suis pas avec des ennemis.

PISON.

* Étrange aveuglement !

PLANCINE.

* Heureuse imprévoyance !

MARCUS, *à Pison.*

* Vous n'abuserez pas de tant de confiance.

(Le mouvement concerté entre les conjurés s'exécute.)

GERMANICUS.

Marcus, pourquoi ce trouble empreint dans tous vos traits?

MARCUS.

Mon âme est agitée entre tant d'intérêts !
Je désire et je crains l'instant qui vous rapproche.

GERMANICUS, *à demi-voix, et prenant Marcus à part.*

Pour l'orgueil de Pison vous craignez le reproche ?
Cet orgueil a fléchi : mes droits sont satisfaits.
Consolons, s'il se peut, à force de bienfaits,
Ce cœur que ma justice à regret désespère.
Approchez-vous, Pison.

(Ici Pison fait un mouvement pour s'approcher du prince, en portant sa main sur le poignard, caché dans son sein.)

MARCUS, *plein de trouble.*

* Que faites-vous, mon père !

PISON.

* J'obéis.

GERMANICUS.

Pourquoi donc retenez-vous ses pas ?

PISON.

*Mon bras est désarmé.

MARCUS.

*Votre cœur ne l'est pas.

GERMANICUS.

Laissez-le s'approcher ; je n'en ai rien à craindre.
L'homme fier est du moins incapable de feindre ;
Sa bouche avec son cœur est toujours de concert ;
Il dit ce qu'il éprouve et frappe à découvert.
Il pourra quelquefois trop écouter ces haines
Qu'un Marius prenait pour des vertus romaines ;
Mais enfin, par orgueil, si ce n'est par raison,
Sa fureur s'abstiendra de toute trahison.
(Dans ce moment le prince passe entre lui et Marcus,
qui jusque-là les a tenus séparés.)

(à Pison.)

Reprenez votre épée, et parlez sans contrainte :
Dussiez-vous publier mes torts par votre plainte,
Parlez, ne craignez pas de vous justifier.

(Pison reste interdit.)

PLANCINE.

Ces secrets à vous seul peuvent se confier,
Prince.

GERMANICUS.

(à Pison.)

Je vous entends ; indiquez le lieu, l'heure,
Non pas dans mon palais, mais dans votre demeure,
Où, sur les intérêts qui réclament nos soins,
Votre franchise à moi veut s'ouvrir sans témoins.

J'écarterai, s'il faut, jusqu'à Marcus lui-même.

PLANCINE.

*Il se livre !

PISON.

*Il se sauve ! à mon désordre extrême
Je sens qu'au repentir mon cœur n'est point fermé.

(à Germanicus.)

En me rendant ce fer vous m'avez désarmé.

(Il jette son épée et s'incline.)

PLANCINE, à Pison.

Lâche !

GERMANICUS, le relevant.

Que faites-vous? La douleur vous égare,
Pison; me prenez-vous pour un Parthe, un barbare,
Dont l'orgueil, s'entourant de fronts humiliés,
Se plaît surtout à voir des Romains à ses pieds?
A trop de désespoir votre cœur s'abandonne,
Pison. Pardonnez-vous des torts qu'on vous pardonne.
Levez les yeux, voyez ces lieux s'environner

(Dans ce moment les sénateurs et les grands de la
province entrent.)

Des témoins, des garans que j'ai voulu donner
Au traité solennel qui nous réconcilie;
A la sainte union qui désormais nous lie;

A l'éternel oubli des longs ressentimens
Que je veux étouffer en ces embrassemens.

PISON.

O grandeur !

PLANCINE.

O bassesse !

GERMANICUS.

Il est tems que l'armée
De ce rapprochement, Pison, soit informée :
Courons renouveler dans ses rangs, sous ses yeux,
Les saints engagemens que j'ai pris en ces lieux ;
C'est le premier bienfait que de vous je réclame.

PISON.

Je cède à l'ascendant qui vous livre mon âme.
Oui, j'y cours démentir, oui, j'y cours réparer
Les trop longues erreurs où j'ai pu m'égarer.

SCÈNE VII.

PLANCINE, *seule.*

Ainsi, quand du succès tout m'offrait l'assurance,
Quand je touchais au prix de ma persévérance,
Mon espoir est déçu, mes projets sont trahis ;
Je perds tout à-la-fois, et perds tout par mon fils.

Esclave par penchant comme par habitude,
Et du nom de devoir parant sa servitude,
Au joug qu'il s'est donné voulant tout asservir......

SCÈNE VIII.

PLANCINE, SENTIUS.

SENTIUS.

De tout ce qui se passe, ah ! daignez m'éclaircir.
Serait-il vrai, Madame, ainsi qu'on le publie,
Qu'entre Germanicus et Pison tout s'oublie ?

PLANCINE.

Oui. Pison a comblé son opprobre aujourd'hui ;
Il cède à l'ascendant d'un fils digne de lui.
Quant à moi, qui ne puis devenir leur complice,
Moi, pour qui cette paix est un affreux supplice,
Loin d'eux je cours chercher, au fond de mon palais,
Le moyen, s'il en est, de la rompre à jamais.

SCÈNE IX.

SENTIUS, SÉJAN.

SENTIUS.

Tout est perdu.

SÉJAN.

Perdu ?... malgré la foi jurée,
La paix ne sera pas d'une longue durée.

SENTIUS.

Quel moyen de la rompre ?

SÉJAN.

Il en est un certain.
Cet écrit que le prince a tracé de sa main,
Sentius.....

SENTIUS.

Contre lui peut nous donner des armes ?

SÉJAN.

Vous l'avez dit. Avec ses premières alarmes
On rendrait à Pison sa première fureur,
Si, de la vérité faisant jaillir l'erreur,
On lui persuadait que ce billet funeste,
Des vœux d'un ennemi confident manifeste,
Fut écrit contre lui dans le même moment
Où de lui pardonner on faisait le serment.
Pour mieux tromper Pison, trompons d'abord Plancine;
Par elle jusqu'à lui que l'erreur s'achemine ;
Livrez la lettre, et moi je saurai profiter
Des transports qu'en Pison les siens vont exciter.

SENTIUS.

Il ne faut plus compter sur l'appui de l'armée.

SÉJAN.

Laissons-la dans son camp désormais renfermée.
Si le fer nous trahit, que le poison soit prêt.

SENTIUS.

Le poison, dites-vous !

SÉJAN.

Oui. Sachez un secret
Que par ma bouche ici vous révèle Tibère :
La mort du prince importe au repos de la Terre,
M'a-t-il dit. Pison croit qu'en son camp mutiné
On verra l'imprudent tomber assassiné :
S'il s'abusait pourtant, si malgré l'apparence
Il voit l'événement trahir cette espérance ;
Après avoir du fer essayé le secours,
A de plus sûrs moyens s'il faut avoir recours,
Donnez-lui cet anneau, de ma rigueur secrète (13)
A ses yeux prévenus souverain interprète ;
Et vous verrez Pison, rentré dans son devoir,
Perdre tous ses remords, s'il pouvait en avoir.

SENTIUS.

Contraints à nous couvrir du voile du mystère,
Quel agent nous pourra prêter son ministère ?

SÉJAN.

Ami, c'est à Plancine à préparer les coups,
Qui ne seront portés ni par moi, ni par vous.
Mais il faut, pour qu'en tout ce projet s'accomplisse,
Que le prince aujourd'hui soit mon premier complice.

Fin du troisième Acte.

ACTE IV.

SCÈNE PREMIÈRE.

MARCUS, GERMANICUS, AGRIPPINE, SUITE.

GERMANICUS, *à Marcus.*

Oui, sans doute, en ces lieux j'attendrai votre père ;
L'intérêt de l'État, l'intérêt de la Terre,
A toute heure chez moi veulent qu'il soit admis ;
Et c'est aussi le droit de mes meilleurs amis.
Vous, cependant, allez remplir à Séleucie
Le message important qu'à vos soins je confie :
Marcus, à votre père il n'est pas étranger.
Avec ses sentimens les miens ont dû changer.
Joignez donc Sentius ; empêchez qu'à Tibère
Il ne rende un écrit dicté par la colère,
Dicté par la vengeance à mon orgueil blessé.
Il m'aurait mieux servi s'il s'était moins pressé.
S'il en est tems encor, que le mal se répare.

MARCUS.

Sentius n'est pas loin. Un court chemin sépare

Le port de Séleucie et ces remparts heureux,
Pacifiés enfin par vos soins généreux.
En pressant mon départ, je l'atteindrai, je pense.

GERMANICUS.

Le ciel à vos vertus doit cette récompense.
Puisse-t-il, favorable à vos désirs, aux miens,
Accélérer vos pas en retardant les siens !
Allez, Marcus, allez :

(Marcus sort.)

(à sa suite.)

Et vous, sous ces portiques
Où fument les autels de nos dieux domestiques,
Dans ces lieux consacrés où nos communs exploits
Entassent chaque jour les dépouilles des rois,
D'un banquet solennel que la pompe s'apprête.
Pour tous les cœurs je veux qu'il soit un jour de fête,
Le jour où, dans ces murs sous mon pouvoir remis,
Entre tant de Romains je n'ai plus d'ennemis.

(Ils sortent.)

SCÈNE II.

GERMANICUS, AGRIPPINE.

AGRIPPINE.

Tu le crois ! Cet écrit que ta bonté regrette
N'est pourtant, cher époux, qu'un fidèle interprète

Du long ressentiment qu'en sa témérité
Le superbe Pison n'a que trop mérité.

GERMANICUS.

Écarte un souvenir qui, réveillant ta haine,
Sur des torts expiés sans cesse te ramène.
Pison nous offensa; Pison s'est repenti :
L'écrit qui l'accusait doit être anéanti.
Que le ressentiment expire avec l'injure.

AGRIPPINE.

Tu jurais de haïr !

GERMANICUS.

Je faisais un parjure ;
Mais la Terre et le Ciel pardonnent aisément
Au prince qui trahit un semblable serment.
Cet effort de vertu n'est pas sans quelque gloire ;
Il est bien plus facile, et ton cœur peut m'en croire,
Quand on n'a pour punir qu'un signal à donner,
De venger ses affronts que de les pardonner.

AGRIPPINE.

O bonté d'un grand cœur ! ô vertu plus qu'humaine !
Cependant quand je songe au péril où t'entraîne
Ta clémence, et ce cœur facile à désarmer,
Je tremble en t'admirant, et j'ose te blâmer.

Je conçois qu'on pardonne et non pas qu'on oublie.
Épargner l'ennemi qui cède ou qui supplie,
C'est user du pouvoir, c'est agir en vainqueur.
Mais presser dans ses bras, rapprocher de son cœur
Le cruel qui, trompé dans sa lâche espérance,
Pleure de repentir bien moins que d'impuissance;
Autant que l'amitié c'est blesser la raison;
Contre soi-même c'est aider la trahison;
C'est se livrer aux coups, c'est provoquer le crime
Dont on doit tôt ou tard devenir la victime.

GERMANICUS.

Loin de le provoquer, va, c'est le désarmer.
Mais ton amour, pour moi si prompt à s'alarmer,
Ne peut pas concevoir qu'en se livrant au traître,
On lui puisse enlever jusqu'au désir de l'être.
Des mortels cependant le cœur est ainsi fait.
Croyons, quand le meilleur est le moins imparfait,
Quand le plus vertueux n'est jamais sans faiblesse,
Que le moins généreux n'est jamais sans noblesse :
Son penchant par ses vœux est souvent combattu.
Ne désespérons pas de rendre à la vertu
L'homme égaré qui tient encore à notre estime.
Tel, après une faute, est tombé dans un crime,
Pour n'avoir rencontré que des cœurs sans pitié :
Malheureux, il n'était coupable qu'à moitié;

Il allait revenir à la vertu qu'il aime,
Si l'on ne l'eût contraint à douter de lui-même, (14)
A se ranger parmi ces dangereux proscrits,
Repoussés dans le vice à force de mépris.
Pison a fait paraître un repentir sincère :
Je l'accueille en mes bras, sur mon sein je le serre ;
C'est l'empêcher d'oser jamais se démentir :
L'héroïsme peut naître aussi du repentir.
Tu ne me réponds rien ?

AGRIPPINE.

                    Que puis-je te répondre ?
Sans me convaincre, hélas ! tu viens de me confondre.
Mais plus que la raison j'en crois mes sentimens.
Crains les affreux effets de ces ménagemens ;
Songe à César, et vois où conduit l'indulgence.

GERMANICUS.

Songe à Tibère, et vois où conduit la vengeance.

AGRIPPINE.

Par ceux qu'il épargna l'un meurt assassiné.

GERMANICUS.

L'autre vit : mais l'effroi dont il est dominé,

Plus cruel chaque jour, en son esprit réveille
Avec les souvenirs les soupçons de la veille,
Et sans cesse en nourrit la secrète fureur.
Vois du prince aux sujets circuler la terreur;
Vois les mères en deuil, les épouses en larmes,
Sans jamais les calmer expier ses alarmes;
Tandis qu'entre la haine et la crainte placé,
De tout le mal qu'il fait se croyant menacé,
Du crime qu'il prévient par d'éternels supplices
Jusque dans sa famille il croit voir des complices.
Ah! plutôt mille fois mourir sous les poignards,
Que garder à ce prix le trône des Césars!
Oui, fussé-je en effet séduit par l'apparence,
A mon erreur je donne encor la préférence
Sur l'art de pénétrer dans ces lâches détours
D'un cœur dont les pensers démentent les discours.
Eh! pourquoi me livrer à tant d'inquiétude,
Quand mes soins les plus doux, quand ma plus chère étude
N'ont usé du pouvoir qui réside en mes mains
Que pour calmer l'effroi qu'inspirent les Romains,
Et qu'à travers les flots, les déserts, les tempêtes,
D'un bout du Monde à l'autre ont porté nos conquêtes?
Les peuples que Tibère a rangés sous ma loi,
Quand je veille pour eux, veillent aussi pour moi;
Et ma sécurité plus que jamais se fonde
Sur le bien que j'ai fait à la moitié du Monde:

Que ne peut-il s'étendre à l'univers entier !
Auguste, si j'envie à ton pâle héritier
L'empire dont ton choix l'a fait dépositaire,
C'est qu'il peut appeler le reste de la Terre
A jouir d'un bonheur que je suis las de voir
Restreint aux seuls climats soumis à mon pouvoir.
Quel triomphe en effet pour le prince, pour l'homme
Qui seul peut relever la dignité de Rome,
De donner cette base à sa propre grandeur ;
De rendre aux saintes lois leur antique splendeur ;
De ne se réserver des droits du rang suprême
Que celui de sauver le peuple de lui-même ;
Et d'assurer sa gloire et sa prospérité
Par l'accord de l'empire et de la liberté !

AGRIPPINE.

Tel était le projet de ton malheureux père.
Il rêva comme toi le bonheur de la Terre :
Comme toi, dès l'enfance, on avait vu ses mains
S'essayer à briser les chaînes des Romains.
Vain espoir, qu'a détruit sa mort prématurée !
Sa vie à nos besoins ne fut pas mesurée ;
Et le sort, qui voulut prolonger nos malheurs,
A l'âge où je te vois le ravit à nos pleurs.
Affreux pressentiment pour le cœur d'une épouse !
Sourde à la voix publique, en sa fureur jalouse,

Des héros dont le Monde avait fait ses amours,
Rarement la Fortune a prolongé les jours.
Drusus avant trente ans finit sa destinée ;
Marcellus expira dans sa vingtième année.
Dieux ! gardez mon époux d'un sort si rigoureux !
Plus aimé qu'eux, hélas ! sera-t-il plus heureux !

SCÈNE III.

AGRIPPINE, GERMANICUS, VÉRANIUS, PISON *ensuite.*

VÉRANIUS.

Un de ces affranchis, par qui souvent Tibère
De ses intentions vous transmet le mystère,
Aux portes du palais arrive en ce moment.

GERMANICUS.

Qu'on le fasse passer dans mon appartement.
Mais j'apperçois Pison. Seigneur, veuillez m'attendre
En ces lieux, où bientôt je reviens vous entendre,
Et régler avec vous les intérêts divers
De la plus belle part de ce vaste univers.

PISON.

A vos désirs en tout ma volonté défère,
Prince.

(Germanicus sort appuyé sur Agrippine.)

SCÈNE IV.

PISON, *seul.*

Discours, regards, en lui tout est sincère;
Et son aspect lui seul suffit pour éclaircir
Mes doutes, trop souvent prêts à me ressaisir....
Ces doutes, malgré moi renaissant dans mon âme,
D'où vient donc, après tout, que ma raison les blâme?
Le prince a-t-il bien dit tout ce qu'il a pensé?
M'a-t-il bien pardonné?... Je l'ai tant offensé!...
Ah! telle est, je le sens, notre faiblesse extrême!
Des humains, malgré nous, jugeant d'après nous-même,
Nous prêtons à chacun la crainte, le dessein
Qui fermente en secret dans notre propre sein.
C'est ainsi que mon cœur inquiet, implacable,
Doutant d'une vertu dont il n'est pas capable,
Malgré lui quelquefois voit un piége tendu
Dans ce noble pardon qu'il n'a pas attendu.

(Plancine entre brusquement, une lettre à la main.)

SCÈNE V.

PISON, PLANCINE.

PLANCINE.

Lisez, Pison, lisez. (15)

PISON.

La perfidie est forte.
Et qui vous a remis cette lettre?

PLANCINE.

Qu'importe?
Vous en reconnaissez et l'empreinte et le trait.

PISON.

Il est vrai.

PLANCINE.

Sur le reste on m'oblige au secret.

PISON.

Mais l'accusation fut écrite peut-être...

PLANCINE *(vivement.)*

Sans doute; et chaque mot le fait assez connaître,
Depuis qu'avec Pison d'un nouveau nœud lié,
Germanicus jurait avoir tout oublié.

PISON.

Il me trompait!

PLANCINE.

Le traître!

PISON.

Ainsi, lorsqu'il me jure
L'oubli si généreux d'une si longue injure;

Lorsqu'il m'appelle à lui, cruel en caressant,
Plancine, ce héros me frappe en m'embrassant!

PLANCINE.

Vous en étonnez-vous?

PISON.

Qui, cet écrit m'étonne.
Oui, peut-être, malgré les preuves qu'il nous donne,
Votre haine en croit-elle un peu trop aisément....
Que dis-je? tout est clair, tout est précis... Vraiment,
Moi, nourri dans les cours, moi, dont l'âme éprouvée
Par de vains préjugés ne fut pas énervée,
A de pareils moyens s'il fallait recourir,
Je ne répondrais pas de si bien réussir.

PLANCINE.

Vous ne savez pas feindre.

PISON.

Ah! puisqu'il se déguise,
Puisqu'il use de feinte, employons la franchise.
Il croulera bientôt, à mes pieds abattu,
Ce colosse imposant d'une fausse vertu.
Dans cette même fête, où le perfide pense
Par un nouveau parjure endormir ma prudence,

Je cours le démasquer, cette lettre à la main ;
Je cours le dénoncer à quiconque est Romain :
L'univers connaîtra l'objet de son estime !

PLANCINE.

Votre indignation n'est que trop légitime ;
Ne consultons ici que l'excès du danger :
Vous ne pouvez ni trop, ni trop tôt vous venger.
Mais loin qu'à son courroux votre cœur s'abandonne
Profitez des leçons qu'un ennemi vous donne :
Au dedans agité, soyez calme au dehors,
Et ne trahissez pas vos vœux par vos transports.

PISON.

Ah ! de tant de fureurs mon âme est enivrée !
Mais cette lettre, encor, qui peut l'avoir livrée ?

PLANCINE.

Pourquoi vous obstiner, Seigneur, à le savoir ?
Quelqu'ami, qui sans doute oubliant son devoir,
Fait tout pour vous sauver de ce péril extrême,
Et que vous allez perdre en vous perdant vous-même.
Plus d'effets, croyez-moi, Seigneur, et moins d'éclats.

PISON.

S'ils peuvent réveiller dans le cœur des soldats

Cet amour inconstant dont il me faut dépendre,
Amour qu'un mot m'enlève et qu'un mot peut me rendre,
Loin de les réprimer, je veux les redoubler ;
Et mes amis longtems n'auront pas à trembler:
Car, puis-je séparer leur intérêt du nôtre ?

PLANCINE.

Vous serviriez bien mieux et leur cause et la vôtre,
Si, laissant cet appui qui nous a trahis tous,
Vous ne cherchiez enfin votre force qu'en vous.
Oui, Seigneur, en nous seuls mettons notre espérance.

PISON.

Et puis-je même avoir en moi quelque assurance ?
N'ai-je pas vu tantôt, au moment de frapper,
Le poignard infidèle à ma main échapper !

PLANCINE.

Pison, ne pouvons-nous obtenir par la ruse
Un succès que l'audace aujourd'hui nous refuse ?
Le plus déterminé souvent frappe au hasard :
Une coupe est plus sûre, après tout, qu'un poignard :
Un banquet solennel en ce moment s'apprête.

PISON.

Eh bien ?

PLANCINE.

Dans ce banquet, au milieu de la fête,

Au milieu de l'ivresse, il faut que de Pison
Germanicus reçoive aujourd'hui le poison.

PISON.

De moi!

PLANCINE.

Vous prévenez ainsi notre ruine,

PISON.

De moi!

PLANCINE.

De vous.

PISON.

De moi!

PLANCINE.

Vous hésitez?

PISON.

Plancine,
A la table du prince, entouré de témoins!

PLANCINE.

S'ils étaient plus nombreux je craindrais encor moins.

PISON.

La publique allégresse éteint la malveillance.

PLANCINE,

La publique allégresse endort la surveillance.

Songez-y ; pour trancher des discours superflus :
Qui perd l'occasion ne la retrouve plus.

PISON.

Ainsi donc vous pensez que l'art de Canidie...

PLANCINE.

Le cède en cruauté, le cède en perfidie
A l'art plus ténébreux de ces lâches esprits,
D'un poison plus subtil armé dans leurs écrits.
Je crois surtout, je crois que la règle ordinaire
N'est pas loi pour une âme au-dessus du vulgaire,
Et qu'il faut écarter tout scrupule importun
Avec un ennemi qui n'en connaît aucun.

PISON.

Quelle arme vous mettez dans mes mains, dans les vôtres !

PLANCINE.

Celle qu'on peut saisir quand on n'en a plus d'autres.

PISON.

Par le poison jamais nous ne serons vengés !

PLANCINE.

Un grand cœur n'est donc pas un cœur sans préjugés ?

PISON.

Les préjugés sur moi sans doute ont trop d'empire :
Je le vois, je le sens, au trouble que m'inspire
Ce projet, qui me semble indigne d'un Romain.
Ah! d'un nouveau poignard faut-il armer ma main?
En exposant mes jours, faut-il à force ouverte
D'un puissant ennemi poursuivre encor la perte ?
Je le veux, je suis prêt: mais par un homme admis
Au rang qui m'assimile à ses plus chers amis,
Qu'au milieu de la joie, en riant je me venge;
Au vin hospitalier, par un cruel échange,
Que j'ose dans sa coupe allier le poison ;
C'est une lâcheté, c'est une trahison
A laquelle mon cœur ne saurait se résoudre,
Que la nécessité pourrait à peine absoudre;
Et qui, malgré les droits qu'on donne à ma fureur,
Ne m'a jamais, peut-être, inspiré tant d'horreur.

PLANCINE.

Jadis tels n'étaient pas vos discours à Livie :
Plus fier, plus digne alors du rang qu'on nous envie,
Pison n'eût pas souffert qu'au mépris de ses droits,
Germanicus l'osât confondre avec les rois,
Et jusque dans ces murs étalant sa puissance
Tentât de nous plier à quelque obéissance.

Les tems sont bien changés ! Pison, désabusé
De ce trop juste orgueil dont il fut accusé,
Dans la vertu contraire est tout prêt à descendre.
D'un tel sujet le prince enfin peut tout attendre :
Oui, quoique son caprice en exige aujourd'hui,
Il n'aura pas d'esclave aussi soumis que lui.
Pison, comme à la gloire, insensible à l'outrage,
Contre la patience a changé son courage ;
D'un œil indifférent sa vertu lui fait voir
L'opprobre et les honneurs, l'exil et le pouvoir ;
Et tout ce que réserve à sa lâche indulgence
Tibère, tant de fois trahi dans sa vengeance.

PISON.

En quoi l'ai-je trahi ? J'ai promis, j'en conviens,
Que si mon bras trompait et mes vœux et les siens,
Le secours du poison, devenu nécessaire,
Ferait ce qu'aujourd'hui le glaive n'a pu faire.
Mais, grâce au ciel, l'instant fatal n'est pas venu ;
Mais je n'ai pas reçu le signe convenu, (16)
Qui de sa volonté souverain interprète,
Changerait en refus le doute qui m'arrête.

PLANCINE.

Voici Germanicus ; réprimez ce transport.

SCÈNE VI.

PISON, PLANCINE, GERMANICUS, suite.

GERMANICUS.

Que je bénis les dieux de cet heureux accord
Qui de nos deux maisons termine la querelle!
Comme il me fait jouir de la faveur nouvelle
Dont Tibère à l'instant se plaît à vous combler!
Tandis que nos soldats, prompts à se rassembler,
Vengeurs des saints traités, iront punir l'injure
Que du Parthe inconstant nous a fait le parjure;
Tandis que les combats réclament tous mes soins;
Veillez sur l'Orient, prévenez ses besoins.
Dans tous les lieux soumis à mon pouvoir suprême,
Exercez tous les droits que j'exerce moi-même;
Et, plus heureux que moi, faites régner la paix
Sur la moitié du Monde ouverte à vos bienfaits.
Mon cœur vous en convie, et César vous l'ordonne:
« A cet anneau, garant du pouvoir qu'on lui donne,
» Que Pison, m'écrit-il, reconnaisse aujourd'hui
» Ce que ma confiance attend encor de lui. »

(Il lui remet l'anneau.)

PISON, troublé.

Dieux!

PLANCINE.

A l'ordre absolu que vous venez d'entendre,
Pourriez-vous bien, Pison, hésiter à vous rendre?

PISON *(troublé de plus en plus.)*

Moi! je n'hésite pas, Plancine; je n'attends.......

GERMANICUS.

Venez, Pison, venez, sans tarder plus longtems,
Aux lieux où l'allégresse à grands cris nous appelle;
Où de notre amitié la première nouvelle
A déjà rapproché les esprits appaisés;
Où le peuple et l'armée, autrefois divises
Ne forment qu'une voix qui par ses chants publie
La paix entre leurs chefs aujourd'hui rétablie;
Bienfait du saint traité qui vient de nous unir
Et promet à l'Asie un si doux avenir.
Raffermissez encor ce traité qui nous lie;
Je veux que le serment qui nous réconcilie
Sur la coupe à l'instant soit par nous répété.

(Il se dispose à sortir.)

PLANCINE *(bas à Pison.)*

Aussi loin, s'il se peut, poussez la fausseté.

PISON.

Quel pouvoir inconnu, d'accord avec ma haine,
Vers le but que je fuis malgré moi me ramène!
Assistez-moi, grands Dieux! dans le trouble où je suis.

GERMANICUS, *qui s'est avancé vers le fond du théâtre,
s'appercevant qu'il n'est pas suivi de Pison, se re-
tourne.*

Ne me suivez-vous pas, mon ami? (17)

PISON.

Je vous suis.

Fin du quatrième Acte.

ACTE V.

SCÈNE PREMIÈRE.

PLANCINE, *seule.*

Rien encor, rien. Partout règne un calme profond.
Que veut-il ? qu'attend-il ? ce retard me confond.
Ah ! si les passions qui dévorent mon âme,
Un seul moment, Pison, t'avaient prêté leur flamme ;
Si mon ambition, ma haine, ma fureur
Pouvaient, un seul moment, se glisser dans ton cœur ;
Que bientôt ce palais, témoin de mon outrage,
Retentirait des cris du deuil et du veuvage !
Que bientôt Agrippine expîrait à mes piés
Mes affronts, qui jamais ne seront expiés !
Quel plaisir de la voir, de sa chute indignée,
Tantôt dissimuler sa douleur dédaignée ;
Ou, par de vains éclats tantôt la trahissant,
Exhaler en menace un courroux impuissant !
Mais quels accens confus la foule me renvoie ?
Des acclamations de concorde et de joie ?....
Consolons-nous... grands Dieux, quelle était mon erreur !
Ce sont des cris d'effroi, ce sont des cris d'horreur.

Sans doute ce moment comble mon espérance;
Et Pison vient ici m'en donner l'assurance.

SCÈNE II.

PLANCINE, PISON.

PISON.

C'en est fait: j'ai rempli tes vœux et mon dessein.

PLANCINE.

Germanicus est mort?

PISON.

          Il se meurt. Dans son sein,
La coupe, qu'attestait sa clémence parjure,
La coupe en ce moment venge, avec notre injure,
Tous les maux que son cœur nous avait préparés.
De fleurs, de pourpre, d'or, les lits étaient parés.
Le prince auprès de lui m'invite à prendre place.
Plancine, en ce moment, je ne sais quelle grâce
Tempérait de son front la noble austérité,
Prêtait à ses discours ce ton de vérité
Qui séduirait, crois-moi, le cœur le plus farouche.
Ce nom d'ami, surtout, que m'adressait sa bouche,
Faisait déjà revivre en mon cœur désarmé
Le scrupule insensé qui l'avait alarmé ;
Je tremblais, comme on tremble au bord du précipice.

              (Il montre un billet.)

Quand je reçois ces mots : « Voici l'instant propice ;
» Profite du tumulte, excité par mes soins ,
» Qui détourne de toi les regards des témoins;
(Le désordre en effet troublait alors la fête.)
» Préviens par un grand coup le coup que l'on t'apprête.
» Qu'attends-tu? le poison, la coupe est sous ta main. »
Ces mots avaient laissé mon courage incertain ;
Mais tandis qu'en moi-même encor je délibère,
Je ne sais quelle voix me dit: »Pense à Tibère. »

PLANCINE.

Trop salutaire avis ! qui peut l'avoir donné?

PISON.

D'esclaves, de soldats, de peuple environné,
Mes regards vainement ont sur chaque visage
De quelqu'émotion cherché le témoignage.
Je n'ai pu discerner , parmi tant d'inconnus,
Celui dont les avis jusqu'à moi sont venus;
Avis qui m'ont sauvé de ma faiblesse extrême ,
Et me semblaient donnés par Tibère lui-même.

PLANCINE.

De Tibère sans doute il était émané
L'avis mystérieux qui t'a déterminé.
Goûtons, mon digne époux, goûtons d'intelligence
Les plaisirs de l'orgueil et ceux de la vengeance ;

Et quelque grands qu'ils soient, songe que cet instant
Te livre un prix moins beau que celui qui t'attend.
Songe que, de faveurs t'accablant sans mesure,
Tibère te paîra bientôt avec usure
Tout ce qu'il doit au sort, qui pour lui, j'en conviens,
Fit tout en rattachant ses intérêts aux tiens.

PISON.

Je le crois ; cependant déguisons notre joie.
Accueillons le bonheur que le sort nous envoie,
Sans contrainte, Plancine, et sans empressement:
Tous deux nous trahiraient.

PLANCINE.

               Tel est mon sentiment,
Pison ; mais la terreur est surtout indiscrète ;
Des grands secrets du cœur le trouble est l'interprète.

PISON.

Crois, puisqu'à t'obéir j'ai pu me décider,
Crois que rien désormais ne peut m'intimider.

SCÈNE III.

PISON, PLANCINE, MARCUS.

MARCUS.

Vous ici ! vous aux pieds de l'image d'Auguste,
Mon père ! de ses fils le plus grand, le plus juste.

Le plus semblable à lui quand il a pardonné,
Pour prix de ses vertus mourant empoisonné,
Vient exhaler ici les restes de sa vie :
Si d'en troubler la paix vous n'avez pas l'envie,
Pour lui, pour vous, mon père, ayez quelques égards ;
Par pitié dérobez à ses derniers regards
L'aspect....

PLANCINE.

Par ce discours que prétendez-vous dire,
Marcus ?

PISON.

Sans rechercher quel intérêt l'inspire,
Devant ce demi-dieu, dans ces mêmes momens
Où j'immole à l'État tous mes ressentimens,
Je vous dirai, mon fils, qu'en ce danger du prince,
L'intérêt de ces murs, celui de la province,
Celui de l'Orient qui, je dois le prévoir,
Pourrait dès aujourd'hui passer sous mon pouvoir,
Ne me permettent pas de m'éloigner d'un homme
En qui réside encor l'autorité de Rome ;
Qu'enfin je reste ici, dût-on s'en étonner,
Pour recevoir ses lois, ou bien pour en donner.

SCÈNE IV.

PLANCINE, PISON, MARCUS, AMIS DE PISON, SOLDATS, CONJURÉS.

LE PREMIER CONJURÉ.

Père des légions, on menace ta vie.
Entends-tu les clameurs de ce peuple en furie?
Mais, n'en redoute rien; prêts à te secourir
Vois de tous les côtés les soldats accourir......

PLANCINE.

Voici Germanicus.

SCÈNE V.

PISON, PLANCINE, MARCUS, VÉRANIUS, AGRIPPINE; GERMANICUS, *porté sur un lit, entouré de ses amis et de ses enfans;* CONJURÉS, SOLDATS, LICTEURS, *etc.*, *etc.*

(On dépose Germanicus aux pieds de la statue d'Auguste. Les partis différens se groupent, suivant leurs intérêts, autour de Pison ou du prince.)

GERMANICUS, *avec peine.*

Image auguste et chère!
O père des Romains, des Césars, ô mon père!
Reçois mes derniers vœux.

AGRIPPINE.

Dieux ! Plancine, Pison !

GERMANICUS.

Ils viennent épier les progrès du poison , (18)
Compter le peu d'instans qui me restent à vivre.
Saisissez-le, cruels, ce pouvoir que vous livre
Ma main, qui vainement voudrait le retenir ,
Et laisse aux Immortels le soin de vous punir.

AGRIPPINE.

Oui, périsse ce couple homicide et parjure !

PISON.

Bien qu'au malheur, Madame, on pardonne l'injure,
J'ai peine à supporter le reproche odieux
Qui m'impute les maux que vous ont faits les Dieux.

GERMANICUS (d'une voix faible.)

Oui, les Dieux n'ont que trop favorisé leur rage.
Échappé tant de fois aux fureurs du carnage ,
O malheureuse épouse ! ô malheureux enfans !
Je n'en péris pas moins à la fleur de mes ans.
Je tombe enveloppé dans une embûche infâme,
Dans un piége tendu par la main d'une femme ;
Dans le piége où mon cœur se plut à m'entrainer,
Quand, à force de biens croyant les enchaîner,

Et traitant vos conseils de méfiance extrême,
En leurs perfides mains je me livrai moi-même.
Mes amis, vous donnez des larmes à mon sort;
Mais ce n'est pas assez; il faut venger ma mort.
C'est vous qui redirez à mon prince, à mon père,
(montrant Plancine et Pison.)
Les chagrins dont ils ont abreuvé ma misère,
Les piéges dont ils ont environné mes pas,
Mes jours affreux qu'abrège un plus affreux trépas.
Perdez ce couple ingrat. Sa haine, qui m'opprime,
M'a contraint à la haine, et c'est son plus grand crime.
Que cette haine, amis, ne soit pas sans effet;
C'est peu de les punir pour le mal qu'ils m'ont fait;
Punissez-les surtout pour consoler la Terre
De la perte du bien que j'espérais lui faire.
Dieux cruels! vous savez quel était mon dessein!...
Mes tourmens plus affreux renaissent dans mon sein...
Des criminels, grands Dieux! quels seront les supplices!
Adieu, patrie, adieu!

AGRIPPINE.

Je meurs!

(Elle se précipite sur le corps de son époux, et y reste abimée dans la douleur. Les groupes qui occupaient le devant de la scène se rapprochent et dérobent aux spectateurs la vue de ce tableau déchirant.)

PISON.

Ses injustices,

Que la raison sait mettre au rang de ses malheurs,
Ne nous défendent pas de lui donner des pleurs.
Mais pas de désespoir; par sa mort imprévue,
De soutiens la patrie est-elle dépourvue?
Non, peuple: César vit. Citoyens et soldats,
A ma voix, à la sienne, oubliez vos débats,
Et de Tibere en moi respectant la puis ance,
A son représentant jurez obéissance.
Qui peut faire hésiter vos cœurs irrésolus?
Qu'attendez-vous?

SCÈNE VI.

LES PRÉCÉDENS, SENTIUS.

SENTIUS.

Chargé de pouvoirs absolus,
Seigneur, Séjan lui-même arrive sur mes traces.

PLANCINE.

Séjan!

PISON *(avec la joie la plus vive.)*

Séjan! Fortune, enfin je te rends grâces!
Que je reconnais bien ta faveur à ce soin
Qui donne à mes succès un semblable témoin!

SCÈNE VII. ET DERNIÈRE.

LES PRÉCÉDENS , SÉJAN , *revêtu de la pourpre ,*
accompagné de licteurs , et dans tout l'appareil
du pouvoir.

PISON.

Favori de César, parlez; faites connaître
Les ordres souverains de votre auguste maître.

SÉJAN.

Qu'on arrête Pison. (19)

PISON.

Moi !

SÉJAN.

Traître envers l'Etat,
De ses lâches complots il doit compte au sénat.
Qu'il parte; et vous, Romains, songez qu'en ces murailles
L'héritier de Tibère attend des funérailles.

PISON.

Qu'ai-je entendu ?.. grands Dieux !.. je suis trompé, trahi !
Séjan, mon crime est grand, Tibère est obéi...
J'échapperai du moins aux affronts qu'il m'apprête.
Dieux !... je suis désarmé !

MARCUS, *présente son epée en détournant la tête.*

Tenez, mon père.

PLANCINE *(retenant Marcus.)*

(a Pison.)

Arrête.

A ses conseils encore oses-tu te fier?

Quels moyens t'offre-t-il de te justifier?

Celui qu'un malheureux promis aux gémonies

Prendrait pour échapper à tant d'ignominies.

Le poignard à la main te sauver chez les morts,

C'est prouver ta vertu bien moins que tes remords.

Nous, des remords! Pison, loin que j'en sois atteinte,

Je ne connais pas plus les remords que la crainte.

Quelque juge, après tout, qu'on puisse nous donner,

(montrant Séjan.)

Fût-ce lui, sa rigueur nous doit-elle étonner?

Le sénat est encor plus facile à confondre.

S'il t'ose interroger, ne crains pas de répondre,

Et bientôt tu verras tant de sévérité

Se changer en terreur devant la vérité.

Bien plus, si la fureur du parti qui t'opprime

Parmi tant de hauts faits croyait trouver un crime,

Fût-il prouvé, Romain, songe qu'un attentat

Que t'aurait commandé le salut de l'État,

Doit conduire au triomphe et non pas au supplice;

Et qu'enfin César même est ton premier complice.

AGRIPPINE. *(A ces mots elle perce la foule qui l'en-*
vironne; on voit le corps du prince.)

L'ai-je bien entendu? Monstre d'iniquité!
Quoi! vous osez compter sur quelqu'impunité!
Tremblez! je vis encore; et ce dernier outrage
Avec le sentiment m'a rendu mon courage.
Et vous, que cet espoir vient surtout accuser,
Amis, que tardez-vous à les désabuser?

(La foule qui cachait le corps se sépare.)

Voilà Germanicus! sur sa bouche expirante
Avec son dernier souffle elle est encore errante
Sa voix, sa faible voix qui de votre amitié
Réclamait à la fois et vengeance et pitié!
Vengeance! était-ce donc à des honneurs futiles,
A des brandons baignés de larmes inutiles,
Romains, que se bornaient les vœux de votre ami?
Ce serait les trahir que les suivre à demi.
Vengeance! au tribunal qui déjà les réclame,
Poursuivons, accusons, perdons ce couple infâme.
Vengeance! la justice est prête à les frapper.
A sa rigueur comment pourraient-ils échapper?
D'un côté, mes amis, c'est un rebelle. un traître,
Qui, pour se disculper calomniant son maître,
Veut épouvanter ceux qu'il n'a pas convaincus;
De l'autre, c'est le sang du grand Germanicus.

Est-il un cœur si dur qu'il nous puisse être injuste,
Et voir, sans s'attendrir, les petits-fils d'Auguste,
Les fils du plus aimé, du plus grand des Romains,
Et sa veuve éplorée, une urne entre les mains,
Mettre aux pieds du sénat, dans leur douleur profonde,
Une image du deuil qui va couvrir le Monde ?

VÉRANIUS.

De ces devoirs sacrés si nous nous écartons,
Malheur à nous !

AGRIPPINE.

Jurez !....

LES AMIS DE GERMANICUS, *étendant la main sur son corps.*

Nous le jurons !

AGRIPPINE.

Partons !

SÉJAN, *sur le devant du théâtre.*

Applaudis-toi, Séjan, des malheurs de la Terre; (20)
La joie, en ce moment, te sied mieux qu'à Tibère.

FIN DE GERMANICUS.

VARIANTES

DE

GERMANICUS.

ACTE IV.

SCÈNE V.

PISON, PLANCINE.

PLANCINE.

Lisez, Pison, lisez.

PISON, *après avoir lu.*

La perfidie est forte !
Et qui vous a remis cette lettre ?

PLANCINE.

Qu'importe ?
Vous en reconnaissez et l'empreinte et le trait.

PISON.

Il est vrai.

PLANCINE.

Sur le reste on m'oblige au secret.

PISON.

Mais l'accusation fut écrite peut-être....

PLANCINE *(vivement.)*

Sans doute, et chaque mot le fait assez connaître,
Depuis qu'avec Pison d'un nouveau nœud lié,
Germanicus jurait avoir tout oublié.

PISON.

Il me trompait!

PLANCINE.

Le traître!

PISON.

Ainsi, lorsqu'il me jure
L'oubli si généreux d'une si longue injure;
Lorsqu'il m'appelle à lui, cruel en caressant,
Plancine, ce héros me frappe en m'embrassant!

PLANCINE.

Vous ne savez pas feindre.

PISON.

Ah! puisqu'il se déguise,
Puisqu'il use de feinte, employons la franchise.

Il croulera bientôt, à mes pieds abattu,
Ce colosse imposant d'une fausse vertu.
Dans cette même fête, où le perfide pense
Par un nouveau parjure endormir ma prudence,
Je cours le démasquer, cette lettre à la main ;
Je cours le dénoncer à quiconque est Romain.
L'univers connaîtra l'objet de son estime.

PLANCINE.

Votre indignation n'est que trop légitime.
Ne consultons ici que l'excès du danger ;
Vous ne pouvez assez, ni trop tôt vous venger :
Mais, loin qu'à son courroux votre cœur s'abandonne,
Profitez des leçons qu'un ennemi vous donne.

PISON.

Ah ! je vais des soldats réveiller le courroux.

PLANCINE.

Arrêtez. Ne cherchez votre force qu'en vous.
Oui, Seigneur, en nous seuls mettons notre espérance.

PISON.

Et puis-je même avoir en moi quelqu'assurance ?
N'ai-je pas vu tantôt, au moment de frapper,
Le poignard infidèle à ma main échapper ?

PLANCINE.

Pison, ne pouvons-nous obtenir par la ruse
Un succès que l'audace aujourd'hui nous refuse ?
Le plus déterminé souvent frappe au hasard :
Une coupe est plus sûre, après tout, qu'un poignard,
Un banquet solennel en ce moment s'apprête,

PISON.

Eh bien !

PLANCINE.

Dans ce banquet, au milieu de la fête,
Au milieu de l'ivresse, il faut que de Pison
Germanicus reçoive aujourd'hui le poison.

PISON.

De moi !

PLANCINE.

Vous prévenez ainsi votre ruine,

PISON.

De moi !

PLANCINE.

De vous.

PISON.

De moi !

PALNCINE.

Vous hésitez ?

PISON.

Plancine,

A la table du prince, entouré de témoins !

PLANCINE.

S'ils étaient plus nombreux, je craindrais encor moins.

PISON.

La publique allégresse éteint la malveillance.

PLANCINE.

La publique allégresse endort la surveillance :
Songez-y; pour trancher des discours superflus,
Qui perd l'occasion ne la retrouve plus.

PISON.

Quelle arme mettez-vous dans mes mains, dans les vôtres !

PLANCINE.

Le sort à votre choix en a-t-il laissé d'autres ?
Qu'espérez-vous encor ?

PISON.

Me venger en Romain.

Oui, d'un nouveau poignard s'il faut armer ma main,
En exposant mes jours, s'il faut à force ouverte
D'un puissant ennemi poursuivre encor la perte,
Je le veux, j'y suis prêt; mais, par un homme admis
Dans son propre palais, au rang de ses amis;

Qu'au milieu de la joie en riant je me venge.

Au vin hospitalier, par un cruel échange,

Que j'ose dans sa coupe allier le poison;

C'est une lâcheté, c'est une trahison,

A laquelle mon cœur ne saurait se résoudre;

Que la nécessité pourrait à peine absoudre,

Et qui, malgré les droits qu'on donne à ma fureur,

Ne m'a jamais peut-être inspiré tant d'horreur.

PLANCINE.

Jadis tels n'étaient pas vos discours à Livie:

Plus fier, plus digne alors du rang qu'on nous envie,

Pison n'eût pas souffert qu'au mépris de ses droits,

Germanicus l'osât confondre avec les rois,

Et, jusque dans ces murs étalant sa puissance,

Tentât de nous plier à quelqu'obéissance.

Les tems sont bien changés ! Pison, désabusé

De ce trop juste orgueil dont il fut accusé,

Dans la vertu contraire est tout prêt à descendre.

D'un tel sujet le prince enfin peut tout attendre.

Oui, quoique son caprice en exige aujourd'hui,

Il n'aura pas d'esclave aussi soumis que lui.

Pison, comme à la gloire, insensible à l'outrage,

Contre la patience a changé son courage;

D'un œil indifférent sa vertu lui fait voir

L'opprobre et les honneurs, l'exil et le pouvoir,

Et tout ce que réserve à sa lâche indulgence
Tibère, tant de fois trahi dans sa vengeance.

PISON.

En quoi l'ai-je trahi? J'ai promis, j'en conviens,
Que, si mon bras trompait et mes vœux et les siens,
Le secours du poison, devenu nécessaire,
Ferait ce qu'aujourd'hui le glaive n'a pu faire.
Mais l'instant, grâce au ciel, n'est pas encor venu;
Mais je n'ai pas reçu le signe convenu,
Qui, de sa volonté souverain interprète,
Changerait en refus le doute qui m'arrête.

PLANCINE.

Voici Germanicus; réprimez ce transport.

VARIANTES DU V. ACTE.

*(Voici comment la dernière tirade de Plancine a été
dite au Théâtre français, pour la rapidité de la
scène.)*

                        Arrête!

A ses conseils encore oses-tu te fier?
Toi mourir! Ah! vivons pour nous justifier.
Viens, Rome et le sénat nous restent pour refuges;
Viens, et les accusés feront trembler leurs juges;

Et nous verrons bientôt tant de sévérité
Se changer en terreur devant la vérité.
Et que craindre après tout? Le parti qui t'opprime
Parmi tant de hauts faits dût-il trouver un crime,
Pas de remords; Romain, songe qu'un attentat
Que t'aurait conseillé le salut de l'État,
Doit conduire au triomphe et non pas au supplice,
Et qu'enfin César même est ton premier complice.

NOTES et REMARQUES

pour la Tragédie de Germanicus.

(1) Ce prince avait enfreint les rigoureuses lois
Qui des plaines d'Isis lui défendent l'entrée.

La politique d'Auguste, à ce que dit *Tacite*, avait défendu aux personnes importantes de l'Empire, d'entrer, sans sa permission, en Égypte, par la possession de laquelle on pouvait affamer l'Italie. Voyez les *Annales*, liv. 2, chap. 59.

(2) Sur les bords de la tombe, à trente ans parvenu,
Germanicus pâlit . . .

Les divers détails contenus dans ce récit, sont tirés du 2.e livre des *Annales*. Voyez les chap. 69 et 70.

(3) Et mettent leur devoir à ne pas obéir.

L'opinion que Pison n'agissait que conformément aux intentions de Tibère, était accréditée. *Tacite* le dit positivement : *credidére quidam data et à Tiberio occulta mandata* (Annal. lib. II. cap. 43). Et plus bas : . . . . *quibusdam etiam bonorum militum ad mala obsequia promptis, quòd haud invito imperatore ea fieri occultus rumor incedebat* (Ann. lib. II, cap. 55.)

(4)   En vain sa politique
A banni de nos rangs la discipline antique.

C'est en effet en se relâchant de la sévérité accoutumée, que Pison était parvenu à se concilier l'affection des soldats ; à force de lâches complaisances, il avait mérité le nom de *père des légions* : *eò usquè corruptionis provectus est, ut sermone vulgi parens legionum haberetur.*

(Ann. lib. II. cap. 55.)

(5) Au sort qui vous attend n'avez-vous pas pensé?

Cette seconde scène entre Séjan et Sentius, n'est pas, comme un critique l'a avancé, une répétition de la première; elle en est la continuation; elle est le complément de l'exposition. Dans la première, Sentius apprend à Séjan ce qui s'est passé; dans la seconde, Séjan lui annonce ce qui se passera.

(6)   **Cet anneau, remis entre mes mains,**
Change mes volontés en décrets souverains:
C'est le sceau de César.

Il était nécessaire, pour que Séjan pût triompher de tous les obstacles, qu'il fût armé de tous les pouvoirs; en annonçant les volontés de Tibère, cet anneau doit, de plus, rappeler à Pison ses propres engagemens.

(7) Dans l'une de ces nuits, à jamais malheureuses.

Ce désastre de la flotte de Germanicus est raconté par *Tacite*, dans les 23.me et 24.me chapitres du 2.me livre des *Annales*.

(8) Intrépide vertu, tranquillité profonde,
Que n'étonnerait pas la ruine du monde!

Le dernier vers de ce passage est une imitation de ce trait *d'Horace:*
Si fractus illabatur orbis
Impavidum ferient ruinæ.
                    Horat. *Carm. Lib.* 3. *Ode* 3.

(9)   **Tout ici me rappelle**
Ces jours de sang, ces jours où le Rhin sur ses bords...

Voyez dans le 1.er livre des *Annales*, l'histoire de la révolte des légions de Germanicus. L'auteur a transporté en Orient ce qui s'est passé dans les Gaules.

(10) Le fils de Polémon tient de moi sa puissance,
Et nous pouvons compter sur sa reconnaissance.

Germanicus avait disposé en faveur du fils de Polémon, roi
de Pont, du trône d'Arménie, dont Vononès avait été chassé
par les Romains. En choisissant chez l'étranger un asile pour sa
famille, ce prince prend un parti pareil à celui qu'il avait pris
dans les Gaules : lors de la révolte des légions du Rhin, il avait
voulu envoyer Agrippine et ses enfans à Trèves : *ad Treveros,
externæ fidei.*

(Ann. lib. I, cap. 41.)

(11)   Ce noble et malheureux cortége,
Ces femmes, ces enfans, attachés à vos pas,
Le dernier de vos fils, pleurant entre vos bras.

Tout cela est encore tiré de Tacite : *Incedebat muliebre et mise-
rabile agmen, profuga ducis uxor parvulum sinu filium gerens, la-
mentantes circum amicorum conjuges quæ simul trahebantur, nec
minus tristes qui manebant.*

(Ann. lib. I, cap. 40).

Remarquons que de tous ces enfans du meilleur des hommes,
celui auquel l'armée s'intéressa le plus, fut le plus méchant des
hommes, Caïus, qui né dans le camp, y était élevé au milieu
des soldats dont il portait la chaussure; d'où lui vint le surnom
de CALIGULA : *infans in castris genitus, in contubernio legionum
educatus, quem militari vocabulo Caligulam appellabant, quia
plerumque ad concilianda vulgi studia, eo tegmine pedum indue-
batur.*

(Ann. lib. I, c. 41).

(12) Cet anneau qui, semblable à celui d'Annibal...

Plus d'un héros de l'antiquité portait ainsi du poison sur lui,
pour ne pas tomber vif au pouvoir de l'ennemi. Mithridate, avant
que de se tuer par le fer, avait eu inutilement recours au poison; celui qu'Annibal avait en réserve était, dit-on, caché dans

vu anneau. Rappeler ici cette circonstance, c'est donner à ce moyen l'appui de l'usage ; c'est aussi l'anoblir en y attachant un grand souvenir.

(13) Donnez-lui cet anneau, de ma rigueur secrète
  A ses yeux prévenus souverain interprète.

La seule exhibition de cet anneau est pour Pison un ordre que Tibère lui donne, sans qu'il en existe de trace.

On trouve fréquemment, dans l'histoire, des exemples de communications importantes faites à l'aide de pareils moyens. Lorsque Henri IV, alors roi de Navarre, voulut faire savoir secrétement aux chefs de son parti, qu'il fallait se disposer à reprendre les armes, il fit seulement remettre à la reine, sa femme, la moitié d'une pièce d'or, signe convenu entr'eux pour la transmission de cette confidence.

(14) Si l'on ne l'eût contraint à douter de lui-même,
  A se ranger parmi ces dangereux proscrits....

Il faudrait bien peu connaître les hommes et l'histoire, pour ne pas être frappé de la justesse de ces réflexions. L'on rétablit ici quatre vers que l'on croit utiles ; le second, surtout, contient une grande leçon, dont, par une exception honorable, les derniers proscrits français ne peuvent pas recevoir l'application. Mais elle est très-applicable à Coriolan, au connétable de Bourbon et à d'autres proscrits, qui plus récemment ont fait payer cruellement, à leur patrie, une imprudente rigueur. Combien de proscrits n'ont mérité leur sort qu'après la proscription !

(15) Lisez, Pison, lisez.

Cette scène était de toutes celles qu'exigeait le sujet, la plus ingrate à faire. Il fallait qu'elle ne fût ni trop longue, parce qu'elle porte sur un fond odieux ; ni trop courte, parce que Pison ne doit pas céder sans avoir été vaincu par de puissantes et de longues instances : il fallait y dire tout, et le dire d'une manière convenable ; il y fallait être rapide, et cependant s'arrêter sur certains moyens. Tout cela était extrêmement difficile. On y a relevé comme inconvenantes à la dignité tragique, quelques locutions familières. Ce n'est pas ce qui est familier, mais trivial, que la tragédie repousse. Cette scène n'est pas d'apparat ; c'est une conversation animée entre deux époux, qui cherchent moins à s'éblouir par des mots, qu'à se persuader par des argumens. Il n'y a pas une idée là qu'on ne pût rendre par des périphrases poétiques ; mais ce qui eût été poétique n'eût pas été dramatique, dans une situation où le dialogue ne saurait marcher avec trop de rapidité.

(16) Mais je n'ai pas reçu le signe convenu.

Ce vers, à ce qu'il nous semble, prépare, d'une manière assez adroite l'effet de la scène suivante où le signe de la volonté de Tibère est remis à Pison ; et par qui ? par le héros dont ce signe ordonne la mort ; combinaison tout-à-fait neuve, et qui met les personnages dans la situation la plus dramatique.

(17) Ne me suivez-vous pas, mon ami ?

Il nous semble que l'âme de Germanicus est toute entière dans ce mot, adressé à Pison ; et quelle valeur cette expression si franche, d'une si grande générosité, ne doit-elle pas tirer de la circonstance !

Les acteurs étaient si troublés à la première, à la seule représentation de *Germanicus*, que le grand artiste dans le rôle duquel ce mot est placé, n'a pas osé le dire ; et c'est le plus tragique peut-être qui soit dans cet ouvrage.

(18) Ils viennent épier les progrès du poison.

La plupart des traits de ce discours sont tirés de *Tacite*. Nous allons, au reste, transcrire les dernières paroles que ce grand historien met dans la bouche de Germanicus mourant ; on pourra juger des emprunts que le poëte lui a faits.

« *Si fato concederem, justus mihi dolor etiam adversùs deos esset, quòd me parentibus, liberis, patriæ, intra juventam præmaturo exitu raperent: nunc scelere Pisonis et Plancinæ interceptus, ultimas preces pectoribus vestris relinquo; referatis patri ac fratri, quibus acerbitatibus dilaceratus, quibus incidiis circumventus, miserrimam vitam pessimâ morte finierim. Si quos spes mea, si quos propinquus sanguis, etiam quos invidia erga viventem movebat, inlacrymabunt, quondam florentem, et tot bellorum superstitem, muliebri fraude cecidisse. Erit vobis locus querendi apud senatum, invocandi leges. Non hoc præcipuum amicorum munus est prosequi defunctum ignavo questu; sed quæ voluerit meminisse, quæ mandaverit exequi: flebunt Germanicum etiam ignoti: vindicabitis vos, si me potiùs quàm fortunam meam fovebatis. Ostendite populo romano divi Augusti neptem, eandemque conjugem meam: numerate sex liberos. Misericordia tum accusantibus erit, fingentibusque scelesta mandata, aut non credent homines, aut non ignoscent.* » Juravêre amici, dextram morientis contingentes, spiritum antequam ultionem amissuros*

(Ann, lib. II. Cap. 71).

On retrouvera plus bas, dans le discours d'Agrippine, plusieurs passages de ce morceau que l'auteur n'a pas cru devoir employer dans celui de Germanicus.

(19) Qu'on arrête Pison.

C'est ici seulement que la tragédie se dénoue.

Observation: Il est contre les lois romaines que Séjan fasse arrêter Pison.

> *Arrêter un Romain sur de simples soupçons,*
> *C'est agir en tyrans, nous qui les punissons.*

Voltaire, Brutus.

L'auteur s'était borné d'abord à faire dire par Séjan, à Pison: *Vous êtes rappelé.* Cela suffisait pour l'homme instruit, mais n'eût pas suffi pour le parterre, qui a justifié cette licence par ses applaudissemens.

(20) Applaudis-toi, Séjan, des malheurs de la terre;
    La joie, en ce moment, te sied mieux qu'à Tibère.

Ces vers rappellent les vastes projets exposés par Séjan, dans le monologue du premier acte. Il ne faut pas oublier que ce favori porte ses vues jusqu'au trône de Tibère : sous ce rapport, l'horrible succès qu'il vient d'obtenir lui est plus profitable qu'à son maître.

Qu'on nous permette, à cette occasion, de dire quelques mots sur la nature du monologue en général.

Le monologue n'est pas un discours adressé au public; quoique débité, il n'est pas censé l'être; c'est la pensée franche du personnage dans la conscience duquel le spectateur lit, à l'aide d'une concession faite aux poëtes pour l'intérêt de l'art. Il est donc tout naturel qu'un monologue contienne des aveux qu'un homme ne fait jamais à un autre.

Les personnes qui désireraient trouver des exemples à l'appui de cette opinion, sont invitées à lire dans *Rodogune* les divers monologues de Cléopâtre.

FIN DU TOME SECOND.

TABLE

DU SECOND VOLUME,

THÉATRE.

N. B.

Nous ne suivrons pas une série unique pour le numérotage des volumes des œuvres de Mr ARNAULT; mais chacun des genres dont ces œuvres se composent aura un numérotage comme un titre particulier : d'après cette méthode, on pourrait mettre à la suite de chacune de ces divisions les nouveaux volumes qui leur appartiendraient, si l'auteur en publiait à l'avenir.

Les cinq volumes que nous livrons au public seront donc intitulés et divisés ainsi qu'il suit :

Théâtre,   1er., 2me. et 3me. vol.

Fables et poësies diverses,   1er. vol.

Mélanges,   1er. vol.